Anton Pavlovitch Tchekhov

La Mouette

Texte et illustration de couverture : © domaine public
Edition : Culturea (Hérault, 34)
Contact : infos@culturea.fr
Retrouvez notre catalogue sur http://culturea.fr
Imprimé en Allemagne par Books on Demand
Design typographique : Derek Murphy
Layout : Reedsy (https://reedsy.com/)

Dépôt légal : janvier 2023
Tous droits réservés pour tous pays

ISBN : 9791041914975

Table des matières

PERSONNAGES

IRINA NIKOLAEVNA ARKADINA, *de son vrai nom Mme Trepleva, actrice.*

CONSTANTIN GAVRILOVITCH TREPLEV, *son fils, un jeune homme.*

PIOTR NIKOLAÉVITCH SORINE, *son frère.*

NINA MIKHAILOVNA ZARETCHNAIA, *une jeune fille dont le père est un riche propriétaire.*

ILIA AFANASSIEVITCH CHAMRAËV, *lieutenant en retraite, régisseur de Sorine.*

PAULINA ANDRÉEVNA, *sa femme.*

MACHA, *sa fille.*

BORIS ALEXÉEVITCH TRIGORINE, *écrivain.*

EVGUENI SERGÉEVITCH DORN, *médecin.*

SEMIONE SEMIONOVITCH MEDVEDENKO, *instituteur.*

YAKOV, *ouvrier.*

UN CUISINIER.

UNE FEMME DE CHAMBRE.

L'action se passe dans la propriété de Sorine. Deux ans s'écoulent, entre le troisième et le quatrième acte.

ACTE PREMIER

*Une partie du parc de la propriété de Sorine. Une large al-
lée, menant de la rampe vers le fond du parc, interrompue par
une estrade qui vient d'être édifiée pour un spectacle
d'amateurs, et qui cache entièrement le lac. À gauche et à
droite de l'estrade, des arbustes.*

Quelques chaises, une petite table.

*Le soleil vient de se coucher. Sur l'estrade, derrière le ri-
deau baissé, s'affairent Yakov et d'autres ouvriers ; on les entend tousser et frapper.*

*Macha et Medvedenko entrent par la gauche, revenant
d'une promenade.*

MEDVEDENKO – Pourquoi êtes-vous toujours en noir ?

MACHA – Je porte le deuil de ma vie. Je suis malheureuse.

MEDVEDENKO – Pourquoi ? *(Il réfléchit.)* Je ne vous
comprends pas... Vous avez une bonne santé, votre père, sans
être riche, est un homme aisé. Ma vie est bien plus dure que la
vôtre. Je ne touche que vingt-trois roubles par mois, sans parler
de ce qu'on me retient pour la retraite, et pourtant, je ne porte
pas le deuil.

Ils s'assoient.

MACHA – Il ne s'agit pas d'argent. On peut être pauvre et
heureux.

MEDVEDENKO – En théorie, oui, mais la réalité est bien différente. Je n'ai que vingt-trois roubles de traitement pour moi-même, ma mère, mes deux sœurs et mon petit frère. Mais il faut bien manger et boire, non ? Acheter du thé, du sucre ? Du tabac ? Débrouille-toi comme tu peux !

MACHA, *se tournant vers l'estrade.* – Le spectacle va bientôt commencer.

MEDVEDENKO – Oui. Mlle Zaretchnaia joue la pièce de Constantin Gavrilovitch. Ils sont amoureux l'un de l'autre ; ce soir leurs âmes vont s'unir dans un seul effort, un seul désir de créer la même image artistique. Mais dans nos âmes, la mienne et la vôtre, rien, aucun point de contact. Je vous aime. Le désir de vous voir me chasse de chez moi ; tous les jours, pour venir ici, je fais à pied six verstes aller, six verstes retour ; mais vous n'avez qu'indifférence pour moi. Ça se comprend. Je suis pauvre et j'ai une nombreuse famille. Pourquoi épouser un homme qui n'a lui-même rien à manger ?

MACHA – Balivernes ! *(Elle prise.)* Votre amour me touche, mais je ne peux pas le partager, voilà tout. *(Elle lui tend sa tabatière.)* Servez-vous.

MEDVEDENKO – Je n'en ai pas envie.

Un temps.

MACHA – Il fait lourd. Il y aura sans doute de l'orage cette nuit. Philosopher ou parler argent, c'est tout ce que vous savez faire. D'après vous, la pauvreté est le plus grand malheur, mais à mon avis il vaut mille fois mieux porter des loques et mendier, que...D'ailleurs, vous ne pouvez pas me comprendre...

Sorine et Treplev entrent par la droite.

SORINE, *il s'appuie sur une canne.* – Moi, mon vieux, je me sens mal à l'aise à la campagne et je ne m'y ferai jamais, cela va de soi. Hier soir, je me suis couché à dix heures, ce matin je me suis réveillé à neuf ; à force d'avoir dormi, il me semblait que mon cerveau était collé à mon crâne...et ainsi de suite. *(Il rit.)* Après le déjeuner, je me suis encore endormi, je ne sais comment, et me voilà plein de courbatures ; à la fin, cela donne des cauchemars...

TREPLEV – C'est vrai, tu devrais habiter la ville. *(Apercevant Macha et Medvedenko :)* Mes amis, on vous appellera pour le début du spectacle, mais vous ne pouvez pas rester ici maintenant...Allez-vous-en, je vous prie.

SORINE, *à Macha.* – Maria Iliinitchna, ayez la gentillesse de dire à votre papa qu'il ordonne de détacher le chien, qu'il cesse de hurler. Cette nuit encore, ma sœur n'a pas pu fermer l'œil.

MACHA – Dites-le-lui vous-même. Ça ne me regarde pas. Dispensez-m'en, je vous prie. *(À Medvedenko :)* Vous venez ?

MEDVEDENKO, *à Treplev.* – N'oubliez surtout pas de nous prévenir avant le début.

Ils sortent.

SORINE – Donc, le chien va encore hurler toute la nuit. Quelle histoire ! Jamais je n'ai pu vivre à la campagne comme j'aurais voulu. Dans le temps, je prenais un congé de vingt-huit jours, je venais ici pour me reposer, mais on m'ennuyait tellement avec toutes sortes de bêtises qu'à peine arrivé, je n'avais qu'une envie : déguerpir. *(Il rit.)* Je suis toujours reparti avec plaisir. Mais maintenant que je suis à la retraite, je ne sais où aller, alors il faut bien s'y résigner, bon gré mal gré...

YAKOV, *à Treplev.* – Constantin Gavrilovitch, nous, on va se baigner.

TREPLEV – C'est bon, mais soyez à vos postes dans dix minutes. *(Il consulte sa montre.)* Nous n'allons pas tarder à commencer.

YAKOV – Bien, monsieur.

Il sort.

TREPLEV, *montrant l'estrade.* – Et voilà notre théâtre. Le rideau, la première et la deuxième coulisse, et puis, l'espace vide. Aucun décor. La vue s'ouvre directement sur le lac et l'horizon. On lèvera le rideau à huit heures et demie précises, quand la lune surgira.

SORINE – Ce sera magnifique.

TREPLEV – Si Mlle Zaretchnaia arrive en retard, l'effet sera raté. Elle devrait déjà être là. Mais son père et sa belle-mère la surveillent, il lui est aussi difficile de s'échapper de chez elle que d'une prison. *(Il rectifie la cravate de son oncle.)* Et ces cheveux, cette barbe, ils datent de quand ? Tu devrais te faire donner un coup de ciseaux...

SORINE, *peignant sa barbe.* – C'est le drame de ma vie. Dans ma jeunesse, j'avais l'air d'un ivrogne invétéré ; et voilà tout... Les femmes ne m'on jamais aimé. *(Il s'assied.)* Pourquoi ma sœur est-elle de mauvaise humeur ?

TREPLEV – Pourquoi ? Elle s'ennuie. *(Il s'assied à côté de son oncle.)* Elle est jalouse. Elle est montée contre moi, contre le spectacle, contre ma pièce, parce que ce n'est pas elle, mais Mlle Zaretchnaia qui la jouera. Elle déteste ma pièce, avant même de la connaître.

SORINE, *riant.* – Qu'est-ce que tu vas chercher là ?

TREPLEV – Elle est dépitée : c'est Mlle Zaretchnaia qui va avoir du succès sur cette petite scène, et non pas elle. *(Il regarde sa montre.)* Ma mère est un curieux phénomène psychologique. Elle a du talent, c'est incontestable, elle est intelligente, très capable de sangloter sur un livre ; elle te récitera tout Nekrassov par cœur, elle soigne les malades comme un ange ; mais va un peu louer la Duse devant elle !...Oh ! là ! là ! C'est elle, elle seule qu'il faut louer, c'est à son sujet qu'il faut écrire et pousser des cris d'admiration, et si l'on s'extasie, ce doit être sur son jeu merveilleux dans *La Dame aux camélias* ou *L'Ivresse de la vie*... Et comme ici, à la campagne, cet encens lui manque, elle s'ennuie, elle se fâche, et nous considère tous comme ses ennemis. Nous sommes tous coupables. Sans parler de ses manies superstitieuses : elle craint les trois bougies, le nombre treize... Elle est avare. Je sais pertinemment qu'elle a soixante-dix mille roubles à la banque d'Odessa, mais essaie donc de lui emprunter de l'argent, elle fondra en larmes.

SORINE – Tu t'es mis dans la tête que ta pièce déplaît à ta mère, te voilà tout agité...et ainsi de suite. Rassure-toi, ta mère t'adore.

TREPLEV, *effeuillant une fleur.* – Elle m'aime – elle ne m'aime pas – elle m'aime – elle ne m'aime pas...*(Il rit.)* Tu vois bien. Ma mère ne m'aime pas. Parbleu ! Elle veut vivre, aimer, porter des chemisiers clairs, et mes vingt-cinq ans lui rappellent constamment qu'elle n'est plus jeune. En mon absence, elle n'a que trente-deux ans ; quand je suis là, elle en a quarante-trois, et c'est la raison de sa haine. Elle sait aussi que je ne supporte pas le théâtre qu'elle aime. Elle croit servir l'humanité et l'art sacré, mais à mes yeux, dans ce théâtre contemporain, il n'y a que routine et préjugés. Quand le rideau se lève, et qu'à la lumière artificielle, dans une pièce à trois murs, ces fameux talents, ces archiprêtres de l'art sacré nous montrent comment les gens mangent, boivent, aiment, portent le complet-veston ; quand avec des phrases et des tableaux triviaux on essaie de fabriquer une morale de trois sous, accessible à tous, utile dans le ménage ; quand, grâce à mille variantes, on me sert, encore et encore, la même sauce triste, alors je fuis, je fuis comme Maupassant fuyait la tour Eiffel, dont la vulgarité lui broyait le crâne.

SORINE – On ne peut pas se passer de théâtre.

TREPLEV – Des formes nouvelles, voilà ce qu'il nous faut, et s'il n'y en a pas, alors mieux vaut rien du tout. *(Il consulte sa montre.)* J'aime ma mère. Je l'aime profondément ; mais elle mène une vie absurde, elle n'arrête pas de s'afficher avec cet écrivain, son nom traîne dans tous les journaux. C'est lassant à la fin. Je ressens parfois l'égoïsme d'un simple mortel, je regrette d'avoir pour mère une actrice connue, il me semble que j'aurais été plus heureux si ma mère avait été une femme ordinaire. Mon oncle, quelle situation plus désespérante, plus stupide que la mienne ? Son salon était souvent rempli de célébrités, rien que des artistes, et des écrivains. J'y étais la seule nullité, on ne me tolérait que parce que j'étais son fils. Qui suis-je ? Qu'est-ce que je représente ? J'ai quitté l'Université en troisième année, à la suite de circonstances... indépendantes de la rédaction, comme on dit ; je n'ai aucun talent, pas un sou ; d'après mon passeport, je suis un « petit-bourgeois de Kiev », comme mon père, bien qu'il fût, lui aussi, un acteur célèbre. Aussi, lorsque ces artistes et ces écrivains me gratifiaient de leur bienveillante attention, il me semblait que leurs regards prenaient la mesure de mon néant. Je devinais leur pensée, et je crevais d'humiliation...

SORINE – À propos, quel genre d'homme est-ce, cet écrivain ? On ne le comprend pas. Il n'est pas bavard.

TREPLEV – C'est un homme intelligent, simple, un peu mélancolique... très honnête. Il n'a pas dépassé la trentaine de beaucoup, mais il est déjà célèbre, et complètement blasé. Quant à ses écrits... que t'en dire ? C'est gentil, plein de talent, mais... après Tolstoï ou Zola, comment avoir envie de lire Trigorine ?...

SORINE – Eh bien, moi, mon vieux, j'aime les écrivains. J'ai souhaité passionnément deux choses, jadis : me marier, et devenir écrivain. Ça n'a pas marché, ni d'un côté ni de l'autre... Oui... En fin de compte, n'être même qu'un petit écrivain, ce n'est sûrement pas désagréable.

TREPLEV, *prêtant l'oreille.* – J'entends des pas... *(Il embrasse son oncle.)* Je ne peux pas vivre sans elle. Même le bruit de ses pas est merveilleux. Je suis follement heureux ! *(Il va rapidement à la rencontre de Nina Zaretchnaia qui entre.)* Mon enchanteresse, mon rêve...

NINA, *très émue.* – Je ne suis pas en retard ? Est-ce bien sûr ?...

TREPLEV, *lui baisant les mains.* – Mais non, mais non...

NINA – J'ai été inquiète toute la journée, j'avais peur... si peur que mon père me retienne... Mais il vient de partir avec ma belle-mère. Le ciel est rouge, la lune se lève déjà, et j'ai pressé, pressé mon cheval. *(Elle rit.)* Mais je suis contente.

Elle serre vigoureusement la main de Sorine.

SORINE, *en riant.* – Ces beaux yeux ont pleuré, je crois... Oh ! que c'est vilain !

NINA – Ce n'est rien... Voyez comme je suis essoufflée. Je dois partir dans une demi-heure, il faut qu'on se dépêche. Non, non, pour l'amour de Dieu, ne me retenez pas. Mon père ne sait pas que je suis ici.

TREPLEV – Il est temps de commencer, en effet. Il faut appeler les autres.

SORINE – J'irai les chercher, et voilà tout. À l'instant. *(Il va à droite en chantant :)* « Deux grenadiers revenaient en France... » *(Il se retourne.)* Un jour, je me suis mis à chanter, comme ça, et le substitut du procureur m'a dit : « Vous avez une voix forte, Votre Excellence »... Puis, après réflexion, il a ajouté : « Mais très désagréable. »

Il sort en riant.

NINA – Mon père et sa femme ne veulent pas que je vienne ici. Ils disent que chez vous, c'est la bohême…Ils ont peur que je devienne actrice. Et moi, je me sens attirée vers le lac, comme si j'étais une mouette…Mon cœur est plein de vous.

Elle regarde autour d'elle.

TREPLEV – Nous sommes seuls.

NINA – Il me semble qu'il y a quelqu'un…là-bas…

TREPLEV – Non, personne.

Un baiser.

NINA – Quel est cet arbre ?

TREPLEV – C'est un orme.

NINA – Pourquoi est-il si noir ?

TREPLEV – La nuit tombe ; toutes les choses paraissent sombres. Ne partez pas trop tôt, je vous en supplie.

NINA – C'est impossible.

TREPLEV – Et si j'allais chez vous, Nina ? Je resterais toute la nuit dans le jardin, face à votre fenêtre.

NINA – Impossible, le veilleur de nuit vous remarquerait, et le chien n'est pas encore habitué à vous, il aboierait.

TREPLEV – Je vous aime.

NINA – Chut…

TREPLEV, *entendant des pas.* – Qui est là ? C'est vous, Yakov ?

YAKOV, *derrière l'estrade.* – Oui, monsieur.

TREPLEV – Allez tous à vos places. Il est temps de commencer. La lune se lève.

YAKOV – Oui, monsieur.

TREPLEV – Vous avez de l'alcool ? Du soufre ? Quand les yeux rouges apparaîtront, il faut que ça sente le soufre. *(À Nina :)* Allez-y, tout est prêt. Vous avez le trac ?

NINA – Oui, un trac terrible. Pas à cause de votre maman, je ne la crains pas, mais il y a Trigorine...J'ai peur et j'ai honte de jouer devant lui...C'est un écrivain célèbre...Est-il jeune ?

TREPLEV – Oui.

NINA – Que ses récits sont merveilleux !

TREPLEV, *froidement.* – Je n'en sais rien, je ne les ai pas lus.

NINA – Il est difficile de jouer dans votre pièce. Il n'y a pas de personnages vivants.

TREPLEV – Des personnages vivants ! Il ne faut pas peindre la vie telle qu'elle est, ou telle qu'elle devrait être, mais telle qu'elle nous apparaît dans nos rêves.

NINA – Votre pièce manque d'action ; on ne fait que réciter. Et puis, à mon avis, il faut absolument de l'amour dans une pièce.

Ils vont derrière l'estrade. Entrent Paulina Andréevna et Dorn.

PAULINA – Il commence à faire humide. Rentrez et mettez vos caoutchoucs.

DORN – Je n'ai pas froid.

PAULINA – Vous ne prenez pas soin de vous. C'est de l'entêtement. Vous, un docteur, vous savez parfaitement que l'humidité ne vous vaut rien, mais vous voulez me faire souffrir. Hier, vous êtes resté toute la soirée sur la terrasse, exprès pour...

DORN, *chantonnant.* – « Ne dis pas que ta jeunesse t'a perdu...»

PAULINA – Vous étiez tellement excité par votre conversation avec Irina Nikolaevna... Vous ne remarquiez pas le froid. Elle vous plaît, avouez-le ?

DORN – J'ai cinquante-cinq ans.

PAULINA – Et après ? Pour un homme, ce n'est pas la vieillesse. Vous êtes bien conservé, et vous plaisez encore aux femmes.

DORN – Enfin, que me voulez-vous ?

PAULINA – Devant une actrice, vous êtes toujours prêts à vous prosterner. Tous !

DORN, *il chantonne.* – « À nouveau, devant toi...» Si la société aime les artistes et les traite autrement que les marchands, par exemple, c'est dans l'ordre des choses. C'est de l'idéalisme.

PAULINA – Les femmes vous ont toujours adoré, se sont jetées à votre cou...C'est de l'idéalisme, ça aussi ?

DORN, *haussant les épaules.* – Et puis ? Il y avait du bon dans les sentiments de ces femmes à mon égard. En moi, on appréciait avant tout l'excellent médecin. Souvenez-vous, il y a dix ou quinze ans, j'étais le seul accoucheur sérieux de notre district. Enfin, j'ai toujours été honnête.

PAULINA, *lui prenant la main*. – Mon chéri !

DORN – Chut ! On vient.

*Entrent Arkadina, qui donne le bras à Sorine, Trigorine,
Chamraëv, Medvedenko et Macha.*

CHAMRAËV – En 1873, pendant la foire de Poltava, elle a
joué d'une façon étonnante ! Un véritable enchantement ! Un
jeu merveilleux ! Et sauriez-vous me dire où se trouve maintenant l'acteur comique Tchadine ? Dans le rôle de Rasplouev, il
était inimitable. Supérieur à Sadovski, je vous le jure, très estimée. Qu'est-il devenu ?

ARKADINA – Vous me demandez toujours des nouvelles
de personnage d'avant le déluge. Comment saurais-je ?

Elle s'assied.

CHAMRAËV, *avec un soupir*. – Oui, ce Tchadine ! Il n'y a
plus d'acteurs pareils. Le théâtre a baissé, Irina Nikolaevna !
Jadis, on voyait des chênes puissants, aujourd'hui, ce ne sont
plus que des souches.

DORN – Les talents exceptionnels se font rares, c'est vrai ;
en revanche, l'acteur moyen s'est amélioré.

CHAMRAËV – Je ne suis pas de votre avis. D'ailleurs, c'est
une question de goût…« *De gustibus aut bene, aut nihil.* »

Treplev surgit de derrière l'estrade.

ARKADINA – Mon cher fils, quand commencez-vous ?

TREPLEV – Dans un instant. Un peu de patience.

ARKADINA, *citant Hamlet.* – « Mon fils ! Tu tournes mes yeux sur le fond de mon âme, et là je vois des taches si noires et si mordantes qu'elles ne veulent point s'effacer. [1] »

TREPLEV – « Mais pourquoi as-tu cédé au vice et cherché l'amour dans l'abîme du crime ? » *(On joue du cor derrière l'estrade.)* Mesdames et messieurs, on commence. Je sollicite votre attention. *(Un temps.)* Je commence ! *(Il frappe quelques coups avec un bâton, puis récite :)* « Ombres anciennes et vénérables qui survolez la nuit ce lac, endormez-vous et faites que nous rêvions de ce qui arrivera dans deux cent mille ans. »

SORINE – Dans deux cent mille ans il n'y aura rien du tout.

TREPLEV – Eh bien, qu'on nous montre ce rien du tout.

ARKADINA – Soit. Nous dormons.

Le rideau se lève ; vue sur le lac ; la lune, à l'horizon, se reflète dans l'eau. Nina Zaretchnaia, tout de blanc vêtue, est assise sur un bloc de pierre.

NINA – « Les hommes, les lions, les aigles et les perdrix, les cerfs à cornes, les oies, les araignées, les poissons silencieux, habitants des eaux, les étoiles de mer et celles qu'on ne peut voir à l'œil nu, bref, toutes les vies, toutes les vies, toutes les vies se sont éteintes, ayant accompli leur triste cycle…Depuis des milliers de siècles, la terre ne porte plus d'êtres vivants et cette pauvre lune allume en vain sa lanterne. Dans les prés, les cigognes ne se réveillent plus en poussant des cris, et l'on n'entend plus le bruit des hannetons dans les bosquets de tilleuls. Tout est froid… froid… froid… froid… Tout est désert… désert… désert…J'ai peur… peur… peur…*(Un temps.)* Les corps des êtres vivants se sont réduits en poussière et l'éternelle matière les a transformés en pierre, en eau, ou en nuages ; leurs âmes se sont

---

[1] *Hamlet*, acte IV, scène IV, traduction d'Eugène Morand et de Marcel Schwob, *La Pléiade*, 1953. (N. d. T.)

fondues en une seule. L'âme universelle, c'est moi... c'est moi. En moi vivent les âmes d'Alexandre et de César, de Shakespeare et de Napoléon, et celle de la dernière sangsue. En moi, la conscience humaine s'est confondue avec l'instinct animal ; je me souviens de tout, et je revis chaque existence en moi-même. »

Des feux follets apparaissent.

ARKADINA, *à voix basse.* – C'est quelque chose de décadent.

TREPLEV, *supplication et reproche dans la voix.* – Maman !

NINA – « Je suis seule. Une fois tous les cent ans j'ouvre la bouche et ma voix résonne tristement dans ce désert, et personne ne m'entend. Vous non plus, pâles lumières, vous ne m'entendez pas. Les marais pourrissants vous engendrent tous les matins, et jusqu'à l'aube vous errez, sans pensée, sans volonté, sans palpitation de vie... Craignant que la vie ne vous revienne, le Diable, père de la matière éternelle, opère en vous, à tout moment, l'échange des atomes, comme dans les pierres et dans l'eau ; ainsi vous transformez-vous perpétuellement. Seul, dans tout l'univers, l'esprit demeure immuable et constant. *(Un temps)* Tel un prisonnier jeté au fond d'un puits vide et profond, je ne sais qui je suis ni ce qui m'attend. Cependant, on m'a révélé que de cette lutte opiniâtre et cruelle contre le diable, principe des forces matérielles, je sortirai vainqueur ; alors matière et esprit se fondront en une harmonie parfaite, et le règne de la volonté universelle naîtra. Cela sera, très tard, lorsque, après une longue série de millénaires, la lune et le lumineux Sirius et la terre se réduiront peu à peu en poussière... Mais, d'ici là, ce sera l'horreur, l'horreur... *(Un temps ; deux points ardents s'allument sur le fond du lac.)* C'est le diable, mon puissant adversaire, qui approche. Je vois ses yeux pourpres, terrifiants...»

ARKADINA – Ça sent le soufre. C'est exprès ?

TRIGORINE – Oui.

ARKADINA, *riant*. – Oui, c'est un effet...

TREPLEV – Maman !

NINA – « Il s'ennuie sans l'homme...»

PAULINA, *à Dorn*. – Vous avez enlevé votre chapeau. Remettez-le, vous allez prendre froid.

ARKADINA – Le docteur s'est découvert devant le diable, père de la matière éternelle.

TREPLEV, *il s'emporte et crie*. – La pièce est finie. Assez ! Rideau !

ARKADINA – Mais pourquoi te fâches-tu ?

TREPLEV – Assez ! Rideau ! Baissez le rideau ! (*Il tape du pied.*) Rideau ! (*Le rideau tombe.*) Je vous demande pardon ! J'avais oublié que seuls quelques élus avaient le droit d'écrire des pièces et de jouer la comédie. Je n'ai pas respecté le monopole ! Je...Je...

Il fait un geste d'impuissance et sort par la gauche.

ARKADINA – Qu'est-ce qui lui prend ?

SORINE – Irina, ma petite, on ne traite pas ainsi un jeune amour-propre.

ARKADINA – Mais qu'ai-je fait ?

SORINE – Tu l'as vexé.

ARKADINA – Mais lui-même nous avait prévenus qu'il s'agissait d'une plaisanterie. Je l'ai prise ainsi.

SORINE – Tout de même...

ARKADINA – Alors, il s'agirait d'une grande œuvre !
Voyez-moi ça ! Il n'a donc pas organisé ce spectacle parfumé au
soufre pour nous amuser, mais pour faire une démonstration ?
Nous apprendre comment il faut écrire des pièces et ce qu'il faut
jouer ? Cela devient ennuyeux à la fin. Ces attaques continuel-
les, ces coups d'épingle, que voulez-vous, je commence à en
avoir assez ! C'est un garçon capricieux, plein d'orgueil.

SORINE – Il voulait te faire plaisir.

ARKADINA – Vraiment ? Alors pourquoi ne pas choisir
une pièce ordinaire, au lieu de nous régaler de ce délire décadent ? Je veux bien écouter délirer quand il s'agit d'une plaisanterie ; mais cette prétention à des formes nouvelles, à une nouvelle ère artistique, merci ! Pour ma part, en fait de formes nouvelles, je ne vois là qu'un mauvais caractère.

TRIGORINE – Chacun écrit comme il veut et comme il
peut.

ARKADINA – Qu'il écrive donc comme il veut et comme il
peut mais qu'il me laisse tranquille.

DORN – Jupiter, tu te fâches…

ARKADINA – Je ne suis pas Jupiter, je suis une femme.
(Elle allume une cigarette.) Je ne me fâche pas, mais c'est triste
de voir un jeune homme passer son temps d'une façon aussi
ennuyeuse. Je ne voulais pas l'offenser.

MEDVEDENKO – Nul n'a le droit de séparer l'esprit de la
matière, car rien ne prouve que l'esprit lui-même n'est pas com-
posé d'atomes de matière. *(À Trigorine, vivement :)* On ferait
mieux, tenez, de décrire et de représenter au théâtre la vie des
instituteurs. Notre sort est dur, très dur !

ARKADINA – Tout cela est vrai, mais ne parlons plus de
pièces, ni d'atomes. La soirée est si agréable ! Entendez-vous
chanter ? *(Elle écoute.)* Comme c'est beau !

PAULINA – C'est sur l'autre rive.

Un temps.

ARKADINA, *à Trigorine.* – Asseyez-vous là, près de moi. Il
y a dix ou quinze ans, presque toutes les nuits, sur les bords de
ce lac, on entendait de la musique et des chants. Il y a six pro-
priétés par ici. Je me souviens : que de rires, de bruit, de coups
de fusil, et que de romans d'amour ! Le jeune premier et l'idole
de ces lieux était alors le docteur Evgueni Serguéevitch, je vous
le recommande. *(Elle désigne Dorn.)* Il est toujours charmant,
mais alors, il était irrésistible…Ah ! ma conscience commence à
me tourmenter. Pourquoi ai-je vexé mon pauvre garçon ? Je ne
suis pas tranquille ! *(Elle élève la voix.)* Kostia ! mon fils ! Kostia !

MACHA – Je vais aller le chercher.

ARKADINA – Oui, je vous en prie, ma chère.

MACHA, *elle va à gauche.* – Hou-hou ! Constantin Gavrilovitch ! Hou-hou !

Elle sort.

NINA, *sortant de derrière l'estrade.* – On ne continue sans
doute pas, alors je sors. Bonsoir !

Elle embrasse Arkadina et Paulina Andréevna.

SORINE – Bravo ! Bravo !

ARKADINA – Bravo ! Bravo ! Nous vous avons tous admi-
rée. Avec votre physique, votre belle voix, c'est monstrueux de

rester à la campagne. Vous avez certainement du talent. Vous m'entendez ? Il faut que vous fassiez du théâtre.

NINA – Oh ! c'est mon rêve ! *(Avec un soupir :)* Mais il ne se réalisera jamais.

ARKADINA – Qui sait ? À propos, permettez-moi de vous présenter Boris Alexéevitch Trigorine.

NINA – Ah ! Je suis très heureuse...*(Confuse :)* Je suis votre fidèle lectrice...

ARKADINA, *la faisant asseoir à côté d'elle.* – Ne vous troublez pas, ma chère. C'est un homme célèbre, mais il a une âme simple. Voyez comme il est gêné lui-même.

DORN – Je suppose qu'on peut lever le rideau maintenant. Cela fait un effet sinistre.

CHAMRAËV, *élevant la voix.* – Yakov, lève le rideau, mon vieux !

On lève le rideau.

NINA, *à Trigorine.* – N'est-ce pas que cette pièce est étrange ?

TRIGORINE – Je n'y ai rien compris, mais j'ai pris plaisir à la regarder. Vous jouiez avec une telle sincérité. Et le décor était magnifique. *(Un temps.)* Il doit y avoir beaucoup de poissons dans ce lac ?

NINA – Oui.

TRIGORINE – J'aime la pêche. Je ne connais pas de plus grand plaisir que de m'installer le soir au bord de l'eau et de surveiller mon bouchon.

NINA – Mais je crois que pour celui qui a éprouvé les délices de la création, il n'existe pas d'autres joies…

ARKADINA, *riant.* – Ne lui parlez pas ainsi. Quand il entend d'aussi belles phrases, il est prêt à rentrer sous terre.

CHAMRAËV – Un soir, je me souviens, à l'Opéra de Moscou, le célèbre Silva lança son « ut » le plus grave. Je ne sais par quel hasard, l'un de nos chantres du Synode se trouvait là, au poulailler ; et brusquement – imaginez notre stupeur – sa voix retentit, là-haut : « Bravo, Silva ! », encore une octave plus bas. Comme ça *(d'une petite voix de basse :)* « Bravo, Silva ! » Le théâtre en est resté baba.

Un temps.

DORN – Un ange a passé.

NINA – Il est temps de partir. Adieu.

ARKADINA – Comment ? Pourquoi si tôt ? Nous ne vous laisserons pas…

NINA – Papa m'attend.

ARKADINA – Qu'il est méchant, ce papa ! *(Elles s'embrassent.)* Rien à faire ? Mais c'est vraiment dommage !

NINA – Si vous saviez ce qu'il m'en coûte de partir…

ARKADINA – Quelqu'un devrait vous accompagner, mon petit.

NINA, *effrayée.* – Oh ! non ! non !

SORINE, *suppliant.* – Restez encore !

NINA – Je ne peux pas, Piotr Nikolaévitch.

SORINE – Restez encore une petite heure, et voilà tout. Qu'est-ce que ça peut faire ?...

NINA, *après réflexion, les larmes aux yeux.* – C'est impossible.

> *Elle lui serre la main et sort rapidement.*

ARKADINA – Au fond, cette jeune fille est bien malheureuse. Il paraît que sa mère a donné toute son énorme fortune à son mari, jusqu'au dernier kopeck, et maintenant cette petite n'a rien, son père ayant déjà tout légué à sa seconde femme. C'est révoltant.

DORN – Oui, son papa est un beau salaud, il faut lui rendre cette justice.

SORINE, *frottant l'une contre l'autre ses mains engourdies.* – Il faut nous retirer aussi, mes amis ; l'humidité pénètre. J'ai mal aux jambes.

ARKADINA – Tu as des jambes en bois, elles t'obéissent à peine. C'est bon, viens, misérable vieillard.

> *Elle le prend par le bras.*

CHAMRAËV, *offrant le bras à sa femme.* – Madame ?

SORINE – J'entends encore ce chien qui hurle. *(À Chamraëv :)* Je vous en prie, Ilia Afanassievitch, dites qu'on le détache !

CHAMRAËV – Impossible, Piotr Nikolaévitch : des voleurs pourraient pénétrer dans la grange où j'ai fait emmagasiner du millet *(À Medvedenko, qui marche à côté de lui :)* Hein ! D'une octave plus bas : « Bravo, Silva ! » Et ce n'était pas un chanteur ; un simple chantre du Synode.

MEDVEDENKO – Et combien touche un chantre du Synode ?

Tous sortent, excepté Dorn.

DORN – Je n'y comprends peut-être rien ou je suis devenu fou, je ne sais pas ; mais cette pièce m'a plu. Il y a là quelque chose...Quand cette petite fille parlait de sa solitude et que les yeux rouges du diable ont surgi, mes mains ont tremblé d'émotion. C'est frais, c'est naïf...Le voilà, je crois ! J'ai envie de lui dire beaucoup de choses agréables.

TREPLEV, *entre.* – Ils sont tous partis ?

DORN – Moi je suis là.

TREPLEV – Macha me cherche dans tout le parc. Insupportable créature !

DORN – Constantin Gavrilovitch, votre pièce m'a énormément plu. Elle est un peu étrange, je n'en connais pas la fin, et pourtant elle m'a fait une forte impression. Vous avez du talent. Il faut persévérer. *(Treplev lui serre vigoureusement la main et l'étreint brusquement.)* Diable, que vous êtes nerveux. Vous avez des larmes aux yeux ! Je voulais vous dire ceci : vous avez choisi votre sujet dans le domaine des idées abstraites, et vous avez bien fait ; une œuvre d'art doit partir d'une grande idée. N'est beau que ce qui est grave. Mais comme vous êtes pâle !

TREPLEV – Ainsi, vous croyez que je dois continuer ?

DORN – Oui... Mais vous ne devez peindre que l'important, l'éternel. Vous savez que j'ai eu une vie variée, agréable, j'en suis satisfait, mais si jamais j'avais éprouvé l'élan spirituel que les artistes connaissent pendant la création, il me semble que j'aurais méprisé mon enveloppe matérielle et tout ce qui la concerne, et je me serais envolé loin, bien loin de cette terre.

TREPLEV – Je vous demande pardon... où est Mlle Zaretchnaia ?

DORN – Autre chose : dans toute œuvre, il doit y avoir une idée clairement définie. Vous devez savoir pourquoi vos écrivez, sinon, à suivre cette voie pittoresque sans but précis, vous vous égarerez, et votre talent vous perdra.

TREPLEV, *avec impatience.* – Où est Mlle Zaretchnaia ?

DORN – Elle est rentrée chez elle.

TREPLEV, *au désespoir.* – Alors, que faire ? Je veux la voir...Il faut absolument...J'irai chez elle.

Macha entre.

DORN, *à Treplev.* – Du calme, mon ami.

TREPLEV – J'irai en dépit de tout. Il faut que j'y aille.

MACHA – Rentrez à la maison, Constantin Gavrilovitch. Votre maman vous attend. Elle s'inquiète.

TREPLEV – Dites-lui que je suis parti. Et je vous en prie, tous, laissez-moi tranquille ! Laissez-moi ! Ne me suivez pas !

DORN – Voyons, voyons, mon cher...Il faut vous calmer... Ce n'est pas bien.

TREPLEV, *à travers les larmes.* – Adieu, docteur. Merci.

Il sort.

DORN, *avec un soupir.* – Ah ! la jeunesse ! La jeunesse !

MACHA – Quand on ne sait plus quoi dire, on soupire : Ah ! la jeunesse, la jeunesse !

Elle prise.

DORN, *il lui arrache la tabatière et la jette dans les buissons.* – C'est dégoûtant ! *(Un temps.)* Je crois qu'on fait de la musique à la maison. Il faut y aller.

MACHA – Attendez.

DORN – Quoi ?

MACHA – Je voudrai vous dire encore…Je voudrais vous parler *(Elle est émue.)* Je n'aime pas mon père, mais vous…de toute mon âme, je sens que vous m'êtes proche, je ne sais pourquoi. Vous devez m'aider. Aidez-moi, sinon je vais faire une bêtise, je vais faire fi de ma vie, je vais la gâcher…Je n'en peux plus…

DORN – Pourquoi ? Comment vous aider ?

MACHA – Je souffre. Personne, personne ne connaît mes souffrances…*(Elle appuie sa tête contre la poitrine de Dorn et dit tout bas :)* J'aime Constantin.

DORN – Comme ils sont tous nerveux ! Comme ils sont nerveux ! Et que d'amour… Oh ! lac magique ! *(Avec tendresse :)* Mais que puis je faire, mon enfant ? Que puis-je faire ? Quoi ?

ACTE II

Un terrain de croquet. Au fond, à droite, une maison avec une grande terrasse ; à gauche, le lac, où brillent les reflets du soleil. Des parterres de fleurs. Midi ; il fait chaud.

Arkadina, Dorn et Macha sont assis sur un banc, près du terrain de croquet, à l'ombre d'un vieux tilleul. Dorn a un livre ouvert sur les genoux.

ARKADINA, *à Macha.* – Levons-nous. *(Elles se lèvent.)* Mettez-vous à côté de moi. Vous avez vingt-deux ans, et moi presque le double. Docteur, laquelle de nous deux paraît la plus jeune ?

DORN – Vous, bien entendu.

ARKADINA – Vous voyez bien ? Et pourquoi ? Parce que je travaille ; je réagis, je suis toujours en mouvement, et vous, vous restez toujours plantée là, vous ne vivez pas... Et puis, j'ai pour principe de ne pas interroger l'avenir. Je ne pense jamais ni à la vieillesse ni à la mort. On n'échappe pas à l'inévitable.

MACHA – Et moi, j'ai l'impression d'être née depuis longtemps, très longtemps... de traîner ma vie comme une lourde queue de robe qui n'en finirait pas. Souvent je n'ai pas la moindre envie de vivre. *(Elle s'assied.)* Bien sûr, ce sont des bêtises. Il faudrait me secouer, me débarrasser de tout cela.

DORN, *chantonne à mi-voix.* – « Racontez-lui, mes fleurs »...

ARKADINA – Et puis je suis correcte, comme un Anglais. Je suis toujours tirée à quatre épingles, comme on dit, toujours habillée et coiffée convenablement, ma chère. Est-ce que je me permettrais de sortir, ne fût-ce qu'au jardin, en robe de chambre, ou dépeignée ? Jamais de la vie. Je me suis bien conservée, parce que je n'ai jamais été une traîne-savate, je ne me suis jamais laissée aller, comme tant d'autres. *(Les mains aux hanches, elle arpente le terrain de croquet.)* Regardez-moi : une poulette…Je pourrais jouer une gamine de quinze ans.

DORN – Je peux continuer ? *(Il reprend son livre.)* Nous en étions aux épiciers et aux rats.

ARKADINA – Et aux rats. Lisez. *(Elle s'assied.)* Non, donnez, c'est moi qui vais lire. C'est mon tour. *(Elle prend le livre et parcourt une page.)* Et aux rats…J'y suis. *(Elle lit :)* « Certes, il est aussi dangereux pour les gens du monde de choyer et d'attirer les romanciers, qu'il le serait pour un marchand de farine d'élever des rats dans sa boutique. Et pourtant, ils sont en faveur. Donc, quand une femme a jeté son dévolu sur l'écrivain qu'elle veut adopter, elle en fait le siège au moyen de compliments, d'attentions et de gâteries...[2] » Eh bien, c'est peut-être vrai pour les Français, mais chez nous rien de semblable, il n'y a aucun programme. Avant d'adopter un écrivain, une femme de chez nous en est déjà follement amoureuse, je vous prie de le croire. Il ne faut pas chercher bien loin : moi et Trigorine, par exemple…

Entre Sorine, s'appuyant sur une canne ; Nina marche à côté de lui ; derrière eux, Medvedenko roule un fauteuil.

SORINE, *du ton dont on parle aux enfants.* – Alors ? Il y a de la joie aujourd'hui ? Nous voilà gais, pour une fois ? *(À sa sœur :)* Une bonne nouvelle ! Notre père et notre belle-mère sont partis pour Tver, et nous serons entièrement libres pendant trois jours.

---

[2] Maupassant : *Sur l'eau.*

NINA, *elle s'assied à côté de Mme Arkadina et l'embrasse.* –
Que je suis heureuse ! Maintenant je suis toute à vous.

SORINE, *prend place dans son fauteuil roulant.* – Elle est
mignonne aujourd'hui.

ARKADINA – Élégante, intéressante… voilà qui est bien.
(Elle embrasse Nina.) Mais il ne faut pas lui faire trop de compliments, ça porte malheur. Où est Trigorine ?

NINA – Il pêche près de la cabine de bains.

ARKADINA – Comment n'en a-t-il pas assez ?

Elle veut reprendre la lecture.

NINA – Que lisez-vous ?

ARKADINA – *Sur l'eau*, de Maupassant, ma mignonne.
(Elle lit quelques lignes pour elle-même.) Non, la suite n'est pas
intéressante…et puis, c'est faux. *(Elle ferme le livre.)* Mon cœur
est angoissé. Dites-moi, qu'est-il arrivé à mon fils ? Pourquoi
est-il si triste, si soucieux ? Il passe des journées entières sur le
lac, et je ne le vois presque plus.

MACHA – Il n'est pas heureux. *(À Nina, timidement :)* Je
vous en prie, récitez-nous un passage de sa pièce.

NINA, *haussant les épaules.* – Vous le voulez vraiment ?
Ce n'est pas intéressant du tout !

MACHA, *refrénant son enthousiasme.* – Quand il récite
quelque chose, ses yeux brillent, son visage pâlit. Il a une voix
belle et triste, il a les manières d'un poète.

On entend Sorine ronfler.

DORN – Bonne nuit.

ARKADINA – Petroucha !

SORINE – Hein ?

ARKADINA – Tu dors ?

SORINE – Pas du tout.

Un temps.

ARKADINA – Tu ne te soignes pas, mon frère, c'est très mal.

SORINE – Me soigner ? Je ne demande pas mieux. C'est le docteur qui ne veut pas.

DORN – Vous soigner, à soixante ans !

SORINE – Même à soixante ans, on a envie de vivre.

DORN, *agacé*. – Eh ! Prenez donc du valérianate !

ARKADINA – Et s'il allait faire une cure thermale quelque part ?

DORN – Pourquoi pas ? Il pourrait y aller, comme il pourrait ne pas y aller.

ARKADINA – Comprenne qui pourra.

DORN – Il n'y a rien à comprendre. C'est tout clair.

Un temps.

MEDVEDENKO – Piotr Nikolaévitch ne devrait plus fumer.

SORINE – Bêtises !

DORN – Non, ce ne sont pas des bêtises. Le vin et le tabac dépersonnalisent l'homme. Après un cigare et un petit verre de vodka, vous n'êtes plus Piotr Nikolaévitch, mais vous-même et encore quelqu'un d'autre ; votre « moi » devient vague, et vous vous traitez comme une troisième personne, comme un « lui ».

SORINE, *riant.* – Cela vous va bien de raisonner. Vous avez eu une vie intéressante, vous, mais moi ? J'ai travaillé pendant vingt-huit ans dans l'administration de la Justice, mais je n'ai pas encore vécu. En fin de compte, il ne m'est rien arrivé du tout, et j'ai soif de vivre, c'est compréhensible. Vous êtes indifférent et repu, alors vive la philosophie, n'est-ce pas ? Mais moi, je voudrais vivre, c'est pourquoi je bois du xérès à table, et fume des cigares, et ainsi de suite. Et voilà tout.

DORN – Il faut considérer la vie avec sérieux. Mais se soigner à soixante ans, regretter d'avoir trop peu joui de sa jeunesse, excusez-moi, c'est de la légèreté d'esprit.

MACHA, *se lève.* – Je crois qu'il est temps d'aller déjeuner. *(Elle s'en va d'une démarche paresseuse.)* J'ai des fourmis dans les jambes...

Elle sort.

DORN – Avant de se mettre à table, elle s'enverra sans doute deux petits verres.

SORINE – La pauvrette ne connaît pas de bonheur personnel.

DORN – Des balivernes, Votre Excellence.

SORINE – Vous raisonnez comme un homme rassasié.

ARKADINA – Quoi de plus ennuyeux que ce charmant ennui campagnard ? Il fait chaud, tout est calme, on ne fait rien, chacun raisonne...On est bien avec vous, mes amis, il est agréable de vous écouter... Mais rester dans sa chambre d'hôtel et étudier un rôle, c'est tellement mieux !

NINA, *avec enthousiasme.* – Merveilleux ! Comme je vous comprends !

SORINE – Bien sûr, en ville, on est mieux. On est assis dans son bureau, le domestique ne laisse entrer personne sans annoncer, il y a le téléphone...des fiacres dans la rue, et ainsi de suite.

DORN, *chantonne.* – « Racontez-lui, mes fleurs »...

Entre Chamraëv, suivi de Paulina Andréevna.

CHAMRAËV – Voici tous les nôtres. Bonne journée ! *(Il baise la main des dames.)* Très heureux de vous voir en bonne santé. *(À Mme Arkadina :)* Ma femme vient de me dire que vous aviez toutes les deux l'intention d'aller en ville aujourd'hui. Est-ce vrai ?

ARKADINA – Mais oui.

CHAMRAËV – Hum ! C'est parfait, mais comment comptez-vous y aller, très estimée ? Nous faisons rentrer le blé, tous les ouvriers sont occupés. Et quels chevaux prendrez-vous ? Permettez-moi de vous le demander.

ARKADINA – Quels chevaux ? Comment le saurais-je, moi ?

SORINE – Nous avons bien des chevaux de maître ?

CHAMRAËV, *agité.* – Des chevaux de maître ? Et où voulez-vous que je trouve des colliers ? Où ? C'est étonnant ! Inimaginable ! Chère Madame, excusez-moi, je vénère votre talent, je suis prêt à donner dix ans de ma vie pour vous, mais quant à vous donner des chevaux, c'est impossible.

ARKADINA – Mais si je dois aller en ville ? C'est étrange, à la fin.

CHAMRAËV – Très estimée ! Une exploitation agricole, vous savez ce que c'est ?

ARKADINA, *s'emportant.* – Toujours la même rengaine ! En ce cas, je pars aujourd'hui même pour Moscou. Veuillez me faire louer des chevaux au village, sinon j'irai à la gare à pied.

CHAMRAËV, *s'emportant.* – En ce cas, je donne ma démission. Cherchez un autre régisseur.

Il sort.

ARKADINA – Tous les ans, c'est la même histoire, tous les ans, on m'insulte chez vous. Je n'y remettrai plus les pieds.

Elle sort à gauche, où doit se trouver la cabine de bains ; une minute plus tard, on la voit se diriger vers la maison, suivie de Trigorine, qui porte des lignes et un seau.

SORINE, *s'emportant.* – Quelle insolence ! Le diable sait ce que c'est ! J'en ai assez à la fin. Qu'on amène immédiatement tous les chevaux ici !

NINA, *à Paulina Andréevna.* – Refuser quelque chose à Irina Nikolaevna, à une artiste célèbre ! Son moindre désir, son caprice même, n'ont-ils pas plus d'importance que toute cette propriété ? C'est inconcevable !

PAULINA, *désespérée.* – Mettez-vous à ma place. Qu'y puis-je ?

SORINE, *à Nina.* – Allons trouver ma sœur...Nous la supplierons tous de ne pas partir, n'est-ce pas ? (*Regardant dans la direction où est parti Chamraëv :*) Quel homme insupportable ! Un tyran !

NINA, *l'empêchant de se lever.* – Ne bougez pas, nous allons vous ramener. *(Elle roule le fauteuil, aidée de Medvedenko.)* Oh ! que cela est affreux.

SORINE – Oui, c'est affreux. Mais il ne partira pas. Je vais lui parler.

Ils sortent ; en scène, Dorn et Paulina Andréevna.

DORN – Que ces gens sont ennuyeux ! À vrai dire, il faudrait chasser votre mari à coups de pied, mais tout finira par des excuses, que vont lui présenter cette vieille chiffe de Piotr Nikolaévitch et sa sœur. Vous allez voir !

PAULINA – Il a envoyé aux champs tous les chevaux, même les chevaux d'attelage. Tous les jours, il y a de ces malentendus. Si vous saviez comme cela m'énerve ! J'en suis malade ; j'en tremble, tenez... Je ne peux pas supporter sa brutalité. *(Suppliante :)* Evgueni, mon chéri, mon bien-aimé, emmenez-moi chez vous...Le temps passe ; nous ne sommes plus jeunes ; si nous pouvions au moins, au déclin de notre vie, ne plus nous cacher, ne plus mentir...

Un temps.

DORN – J'ai cinquante-cinq ans ; il est trop tard pour changer de vie.

PAULINA – Je sais, vous refusez, parce qu'il n'y a pas que moi, bien d'autres femmes vous sont chères. Vous ne pouvez pas les prendre toutes chez vous. Je le comprends parfaitement. Pardonnez-moi : je vous ennuie.

Nina paraît devant la maison, cueillant des fleurs.

DORN – Mais non...

PAULINA – La jalousie me torture. Vous êtes docteur, vous ne pouvez pas fuir les femmes, bien sûr. Je le comprends...

DORN, *à Nina qui s'approche.* – Que se passe-t-il là-bas ?

NINA – Irina Nikolaevna pleure et son frère a une crise d'asthme.

DORN, *se levant.* – Il va falloir leur administrer du valérianate.

NINA, *lui offrant des fleurs.* – Voici des fleurs pour vous.

DORN – Merci bien.

Il va vers la maison.

PAULINA, *qui le suit.* – Quelles fleurs charmantes ! (*En approchant de la maison, d'une voix sourde :*) Donnez-moi ces fleurs ! Donnez-moi ces fleurs !

Elle arrache les fleurs et les jette par terre. Tous les deux disparaissent dans la maison.

NINA, *seule.* – Comme c'est étrange de voir pleurer une actrice célèbre, et pour une raison pareille ! Et qu'un écrivain connu, l'idole du public, dont on parle dans les journaux, dont on vend les portraits, dont les œuvres sont traduites à l'étranger, passe ses journées à pêcher et se réjouisse quand il a pris deux goujons, comme c'est étrange ! Je croyais que les gens célèbres étaient fiers, inaccessibles, qu'ils méprisaient la foule, qui place au-dessus de tout la noblesse et la fortune, et qu'ils se vengeaient d'elle, grâce à leur gloire et à l'éclat de leur nom. Mais non, je les vois pleurer, aller à la pêche, jouer aux cartes, rire et se fâcher comme tout le monde...

TREPLEV, *sans chapeau, portant un fusil et une mouette morte.* – Vous êtes seule ?

NINA – Oui. (*Treplev dépose la mouette à ses pieds.*) Qu'est-ce que ça veut dire ?

TREPLEV – J'ai eu la bassesse de tuer cette mouette aujourd'hui. Je la dépose à vos pieds.

NINA – Qu'avez-vous ?

Elle ramasse la mouette et la regarde.

TREPLEV, *après un silence.* – Je me tuerai bientôt de la même manière.

NINA – Je ne vous reconnais plus.

TREPLEV – Oui, depuis que j'ai cessé de vous reconnaître. Vous n'êtes plus la même envers moi ; votre regard est froid, ma présence vous gêne.

NINA – Vous êtes devenu irritable. Vous vous exprimez d'une manière bizarre, à l'aide de symboles. Cette mouette en est un, probablement, mais excusez-moi, je ne le comprends pas... *(Elle pose la mouette sur le banc.)* Je suis trop simple pour vous comprendre.

TREPLEV – Tout a commencé le soir où ma pièce a si stupidement échoué. Les femmes ne pardonnent pas l'insuccès. J'ai brûlé tout, jusqu'au dernier bout du manuscrit. Si vous saviez comme je suis malheureux ! Votre froideur à mon égard est horrible, incroyable ; comme si, en me réveillant, j'avais vu ce lac asséché, l'eau aspirée par la terre. Vous venez de dire que vous étiez trop simple pour me comprendre ? Qu'y a-t-il à comprendre ? Ma pièce a déplu, et vous méprisez mon inspiration, vous me rangez parmi les gens ordinaires, nuls, comme il y en a tant. *(Il tape du pied.)* Je le comprends ! Je ne le comprends que trop ! C'est comme si un clou s'enfonçait dans mon cerveau, et je le maudis ce cerveau, comme cet amour-propre qui me ronge...*(Voyant Trigorine qui lit tout en marchant :)* Mais voilà le véritable talent ; il a la démarche de Hamlet et, comme lui, un livre à la main. *(Se moquant :)* « Des mots, des mots, des mots...» Ce soleil ne vous a pas encore atteint, mais déjà vous souriez, vos regards fondent sous ses rayons. Je ne veux pas vous déranger.

Il sort rapidement.

TRIGORINE *note dans son carnet.* – Elle prise et boit de la vodka. Toujours vêtue de noir…L'instituteur l'aime.

NINA – Bonjour, Boris Alexéevitch.

TRIGORINE – Bonjour. Il paraît que des circonstances imprévues nous obligent à partir aujourd'hui. Nous ne nous reverrons peut-être jamais. C'est bien dommage. Je n'ai pas souvent l'occasion de rencontrer une jeune fille aussi intéressante ; moi-même, j'ai oublié, j'ai du mal à me représenter exactement comment on est à dix-huit, dix-neuf ans ; c'est pourquoi les jeunes filles paraissent fréquemment artificielles dans mes récits. J'aurais voulu être dans votre peau, ne fût-ce qu'une heure, pour savoir ce que vous pensez, et quel genre d'oiseau vous êtes.

NINA – Et moi, je voudrais être à votre place.

TRIGORINE – Pourquoi ?

NINA – Pour savoir ce que ressent un grand et célèbre écrivain. Quelle impression vous fait votre gloire ?

TRIGORINE – Quelle impression ? Mais aucune, je suppose. Je n'y ai jamais pensé. *(Il réfléchit.)* De deux choses l'une : ou bien vous exagérez ma célébrité, ou bien elle ne produit généralement aucun effet.

NINA – Mais quand on parle de vous dans les journaux ?

TRIGORINE – Si l'on dit du bien de moi, c'est agréable ; si l'on m'éreinte, je suis de mauvaise humeur pendant deux jours.

NINA – Un monde merveilleux ! Si vous saviez comme je vous envie ! Le sort des êtres est si différent. Les uns traînent

péniblement une existence ennuyeuse et morne, ils se ressem-
blent tous, ils sont tous malheureux ; à d'autres, comme à vous,
par exemple – vous êtes un pour un million –, le sort a donné
une vie intéressante, lumineuse, pleine de sens... Vous êtes un
homme heureux...

TRIGORINE – Moi ? *(Haussant les épaules :)* Hum !...
Vous me parlez de célébrité, de bonheur, de vie intéressante et
lumineuse, mais pour moi ces belles paroles sont, excusez-moi,
comme de la marmelade, et je n'en mange jamais. Vous êtes très
jeune, et très bonne.

NINA – Votre vie est si belle !

TRIGORINE – Qu'a-t-elle de particulièrement beau ? *(Il
consulte sa montre.)* Je dois aller travailler. Excusez-moi, je n'ai
pas le temps. *(Il rit.)* Vous avez écrasé mon cor le plus sensible,
comme on dit, et voilà que je commence à m'agiter, à me fâcher
un peu. Soit, parlons-en, parlons de ma vie, belle et lumineuse.
Par où commencer ? *(Après avoir réfléchi :)* Il existe des idées
fixes, ainsi, par exemple, il y a des gens qui ne peuvent
s'empêcher de penser à la lune, nuit et jour ; eh bien, à chacun
sa lune ; la mienne, c'est jour et nuit cette pensée obsédante : tu
dois écrire, tu dois écrire, tu dois... Un récit à peine terminé, il
faut, on ne sait pourquoi, que j'en commence un autre, puis un
troisième, puis un quatrième... J'écris sans arrêt, comme si je
courais la poste, et pas moyen de faire autrement. Qu'y a-t-il là
de beau et de lumineux, je vous le demande ? Oh ! Quelle vie
absurde ! Me voilà seul avec vous, je suis ému, et pourtant, à
chaque instant, je me dis qu'une nouvelle, restée inachevée,
m'attend. Je vois un nuage dont la forme rappelle celle d'un
piano ; je pense aussitôt qu'il faudra mentionner quelque part
un nuage qui ressemble à un piano. On sent une odeur
d'héliotrope ; je m'empresse de noter : odeur sucrée, couleur de
deuil, à évoquer dans la description d'un soir d'été. À chaque
phrase, à chaque mot, je vous épie, comme je m'épie moi-même,
et je me dépêche de serrer ces phrases et ces mots dans mon
garde-manger littéraire. Qui sait ? Cela pourrait servir. Le travail fini, je cours au théâtre, je vais à la pêche, belle occasion de

me détendre, d'oublier. Pensez-vous ! Déjà, dans ma tête, remue un nouveau sujet, lourd boulet de fonte, et je me sens poussé vers ma table, et j'ai hâte d'écrire et d'écrire encore. Et c'est toujours, toujours ainsi, et je me prive moi-même de repos, et je sens que je dévore ma propre vie, que pour ce miel que je donne Dieu sait à qui, dans le vide, j'enlève le pollen de mes plus belles fleurs, j'arrache jusqu'aux fleurs et j'en piétine les racines. Ne suis-je pas fou ? Est-ce que mes amis et connaissances me traitent comme un être normal ? « Qu'écrivez-vous ? Qu'allez-vous nous donner ? » Cela ne varie jamais, et il me semble que ces attentions, ces compliments, cette admiration, tout n'est qu'une ruse, qu'on me trompe comme un malade ; et j'ai parfois peur qu'un beau jour, on ne me surprenne par-derrière, qu'on se saisisse de moi et allez, à l'asile, comme Poprichtchine[3]. Et autrefois, dans les meilleures années de ma jeunesse, quand je débutais, le métier d'écrivain était pour moi un véritable calvaire. Un petit écrivain, surtout quand il n'a pas de chance, se croit malhabile, gauche, inutile ; ses nerfs sont tendus, usés ; irrésistiblement attiré par les gens qui s'occupent de littérature, ou d'art, il tourne autour d'eux, inaperçu, méconnu, et comme un joueur passionné qui n'aurait pas un sou, il n'ose pas regarder les autres en face, il a peur. Je ne connaissais pas mon lecteur, mais, je ne sais pourquoi, je l'imaginais inamical, méfiant. Je redoutais le public, il m'épouvantait et quand je faisais jouer une nouvelle pièce, il me semblait que tous les hommes bruns m'étaient hostiles, et tous les blonds d'une indifférence glaciale. Oh ! c'était horrible. Quelle souffrance !

NINA – Mais voyons, ne devez-vous pas à l'inspiration et à l'acte de la création des moments lumineux, sublimes ?

TRIGORINE – Oui. Il est agréable d'écrire. De lire les épreuves, aussi, mais, l'œuvre à peine parue, je la trouve détestable ; non, ce n'est plus ça du tout, c'est une erreur, j'aurais mieux fait de ne pas l'écrire...et je suis dépité, déprimé. *(Il rit.)* Quant au public, il dit : « ...Oui, c'est gentil, il a du talent...C'est gentil, mais cela ne vaut pas Tolstoï » ; ou encore : « C'est une

---

[3] Personnage d'un récit de Gogol, *Les Mémoires d'un Fou.* (N. d. T.)

œuvre charmante, mais *Père et Fils* de Tourguenev, c'est autre chose. » Ainsi, jusqu'à la fin de mes jours, tout ce que je ferai sera gentil et plein de talent, mais sans plus. Après ma mort, en passant devant ma tombe, mes amis diront : « Ci-gît Trigorine. C'était un bon écrivain, mais il écrivait moins bien que Tourguenev. »

NINA – Excusez-moi, je renonce à vous comprendre. Vous êtes tout simplement gâté par le succès.

TRIGORINE – Quel succès ? Je ne me suis jamais plu à moi-même. En tant qu'écrivain, je ne m'aime pas. Le pire, c'est que je suis comme enivré, et souvent je ne comprends pas ce que j'écris... J'aime cette eau, ces arbres, ce ciel, je sens la nature, elle éveille en moi une passion, un désir d'écrire irrésistible. Mais je ne suis pas que paysagiste, je suis aussi citoyen ; j'aime mon pays, mon peuple, et je sais que mon devoir d'écrivain est de parler du peuple, des souffrances, de son avenir, de la science, des droits de l'homme, etc. J'en parle, mais on me presse de tous côtés, on s'irrite contre moi, et je me débats comme un renard poursuivi par des chiens ; et la vie et la science vont de l'avant, tandis que je reste en arrière, comme un moujik qui a raté son train. En fin de compte, je sens que peindre le paysage, c'est bien tout ce que je sais faire, et que pour le reste, je suis faux, faux jusqu'à la moelle des os.

NINA – Vous êtes surmené, et vous n'avez ni le temps ni l'envie de prendre conscience de votre propre valeur. Vous n'êtes pas content de vous ? Soit, mais aux yeux des autres, vous êtes grand et sublime. Si j'étais un écrivain tel que vous, je donnerais ma vie à la foule, sans oublier que le bonheur de cette foule, le seul, c'est de s'élever jusqu'à moi ; elle me porterait sur un char...

TRIGORINE – Sur un char, allons donc ! Suis-je Agamemnon ?

Ils sourient.

NINA – Être romancière ! Être artiste ! Pour mériter ce bonheur, je supporterais le manque d'affection de mes proches, la misère, les déceptions, je vivrais dans un grenier et ne mangerais que du pain noir ; je souffrirais de mes défauts, de mes imperfections, mais, en revanche, j'exigerais de la gloire... de l'authentique et retentissante gloire. *(Elle se couvre le visage.)* La tête me tourne...Oh !

LA VOIX DE MADAME ARKADINA, *de la maison.* – Boris Alexéevitch !

TRIGORINE – On m'appelle... C'est sans doute pour faire mes bagages. Je n'ai pas envie de partir. *(Il se tourne vers le lac.)* Quel paradis ! On est bien ici...

NINA – Voyez-vous cette maison et ce jardin sur l'autre rive ?

TRIGORINE – Oui.

NINA – C'est la propriété de ma mère, qui est morte. C'est là que je suis née. J'ai passé toute ma vie sur les bords de ce lac, j'en connais le moindre îlot.

TRIGORINE – Comme on est bien ici ! *(Apercevant la mouette :)* Qu'est-ce que c'est ?

NINA – Une mouette que Constantin Gavrilovitch a tuée.

TRIGORINE – Un bel oiseau. Vraiment, je n'ai aucune envie de partir. Si vous pouviez persuader Irina Nikolaevna de rester encore !

Il note quelque chose dans son carnet.

NINA – Qu'écrivez-vous ?

TRIGORINE – Ce n'est rien... Un sujet qui me vient à l'esprit. *(Il serre son carnet.)* Celui d'un petit conte : au bord d'un lac vit depuis son enfance une jeune fille...telle que vous. Elle aime ce lac comme une mouette, comme une mouette elle est heureuse et libre. Mais un homme arrive, par hasard, et, par désœuvrement, la fait périr, comme on fait périr cette mouette.

Un temps.

ARKADINA, *à une fenêtre.* – Boris Alexéevitch, où êtes-vous ?

TRIGORINE – J'arrive. *(Il s'en va et se retourne pour regarder Nina. Sous la fenêtre, à Arkadina :)* Qu'y a-t-il ?

ARKADINA – Nous restons.

Trigorine entre dans la maison.

NINA, *s'approche de la rampe ; après un silence.* – Un rêve !

ACTE III

Salle à manger dans la maison de Sorine. À gauche et à droite, des portes. Un buffet, une armoire à médicaments. Au milieu de la pièce, une table. Des valises, des cartons indiquent qu'on se prépare à partir.

MACHA – Je vous raconte ça parce que vous êtes écrivain. Vous pourrez en profiter. Je vous le dis en toute franchise : s'il s'était blessé grièvement, je ne lui aurais pas survécu une minute. Et pourtant je suis courageuse : voilà, j'ai pris une décision, j'arracherai cet amour de mon cœur, avec les racines.

TRIGORINE – Comment cela ?

MACHA – En me mariant avec Medvedenko.

TRIGORINE – L'instituteur ?

MACHA – Oui.

TRIGORINE – Je n'en vois pas la nécessité.

MACHA – Aimer sans espoir, attendre, on ne sait quoi, des années entières ?... Une fois mariée, je ne penserai plus à l'amour : les nouveaux soucis chasseront les anciens. Et puis, vous comprenez, ce sera un changement. Alors, on remet ça ?

TRIGORINE – Ce ne sera pas un peu trop ?

MACHA – Pensez-vous ! *(Elle remplit deux petits verres.)* Ne me regardez pas comme ça. Les femmes boivent plus souvent que vous ne pensez. Beaucoup boivent en cachette, quelques-unes seulement comme moi, ouvertement. Oui... Et toujours de la vodka ou du cognac. *(Elle trinque avec lui.)* À la bonne vôtre ! Vous êtes un homme simple ; quel dommage que vous nous quittiez.

Ils boivent.

TRIGORINE – Je n'ai pas envie de partir, moi non plus.

MACHA – Demandez-lui donc de rester.

TRIGORINE – Non, c'est trop tard. Son fils se conduit sans le moindre tact. Tantôt il a voulu se tuer, et maintenant il aurait l'intention de me provoquer en duel... Pourquoi cela ?... Il boude, il affiche son mépris, il prêche des formes nouvelles... Mais il y a assez de place pour tout le monde, les anciens et les nouveaux. À quoi bon se bousculer ?

MACHA – La jalousie y est aussi pour quelque chose... D'ailleurs, ça ne me regarde pas. *(Une pause. Yakov passe de gauche à droite, portant une valise. Entre Nina, qui s'arrête devant la fenêtre.)* Mon instituteur ne brille pas par l'esprit, mais c'est un brave homme. Il est pauvre et il m'aime beaucoup. Moi, je le plains. Et je plains aussi sa vieille mère. Eh bien, permettez-moi de vous souhaiter bonne chance. Ne gardez pas un trop mauvais souvenir de moi. *(Elle lui serre vigoureusement la main.)* Je vous suis bien reconnaissante de votre amitié. Envoyez-moi vos livres, avec une dédicace, j'y tiens absolument. Mais ne mettez pas : « À la très estimée », non, simplement : « À Maria, fille sans parents, inutile sur cette terre. » Adieu !

Elle sort.

NINA, *tendant vers Trigorine son poing fermé.* – Pair ou impair ?

TRIGORINE – Pair.

– 44 –

NINA, *avec un soupir.* – Non. Je n'ai qu'un seul petit pois dans la main. Je voulais savoir : dois-je devenir actrice ou non ? Si quelqu'un pouvait me conseiller !

TRIGORINE – Personne ne peut vous donner de conseils en cette matière.

Un temps.

NINA – Nous allons nous séparer… peut-être pour toujours. Je vous en prie, acceptez ce petit médaillon en souvenir de moi. J'y ai fait graver vos initiales et, de l'autre côté, le titre de votre livre : *Les Jours et les Nuits.*

TRIGORINE – Comme c'est gracieux. *(Il embrasse le médaillon.)* Un charmant cadeau !…

NINA – Pensez à moi quelquefois.

TRIGORINE – Je ne vous oublierai pas. Je me souviendrai de vous, en robe claire, par cette journée lumineuse – vous rappelez-vous ? – il y a une semaine. Nous bavardions… Une mouette blanche était posée sur un banc…

NINA, *pensive.* – Oui, une mouette…*(Un temps.)* Nous ne pouvons plus parler, quelqu'un vient… Avant de partir, accordez-moi deux minutes, je vous en supplie…

Elle sort à gauche ; entrent, par la porte de droite, Arkadina, Sorine, en habit orné d'une décoration, puis Yakov qui s'affaire autour des valises.

ARKADINA – Tu ferais mieux de rester à la maison, mon vieux. Est-ce raisonnable d'aller faire des visites, avec tes rhumatismes ? *(À Trigorine :)* Qui est-ce qui vient de sortir ? Nina ?

TRIGORINE – Oui.

ARKADINA – Pardon, nous vous avons dérangés. *(Elle s'assied.)* Je crois que tout est emballé. Je n'en peux plus.

TRIGORINE *lit l'inscription sur le médaillon.* – *Les Jours et les Nuits,* page 121, lignes 11 et 12.

YAKOV *débarrasse la table.* – Vous emportez vos cannes à pêche, Monsieur ?

TRIGORINE – Oui, j'en aurai besoin. Mes livres, donne-les à qui tu voudras.

YAKOV – Bien, Monsieur.

TRIGORINE, *à part.* – Page 121, lignes 11 et 12…Qu'y a-t-il donc dans ces lignes ? *(À Arkadina :)* Vous avez bien mes livres ici ?

ARKADINA – Oui, dans le bureau de mon frère, dans la bibliothèque qui fait le coin.

TRIGORINE – Page 121…

Il sort.

ARKADINA – Vraiment, Petroucha, tu ferais mieux de rester.

SORINE – Vous autres partis, ça me serait trop pénible.

ARKADINA – Et en ville, que vas-tu faire ?

SORINE – Rien d'extraordinaire, mais tout de même… *(Il rit.)* On va poser la première pierre de la Maison du Zemstvo, et ainsi de suite. J'ai envie de sortir, ne serait-ce que quelques heures, de cette vie de poisson. Me voilà depuis trop longtemps hors d'usage, comme un vieux fume-cigarette. J'ai commandé la voiture pour une heure ; nous partirons en même temps.

ARKADINA, *après une pause.* – Bon, reste ici, ne t'ennuie pas trop, ne t'enrhume pas. Veille sur mon fils ; prends soin de lui ; conseille-le. *(Un temps.)* Je vais donc partir sans savoir pourquoi Constantin a voulu se tuer. Je crois que c'est la jalousie qui le travaille, et plus vite j'emmènerai Trigorine, mieux ça vaudra.

SORINE – Que veux-tu que je te dise ? Il y avait bien d'autres raisons. C'est pourtant clair : un homme jeune, intelligent, vit à la campagne, dans un trou ; il n'a ni argent, ni situation, ni avenir. Pas d'occupation. Son oisiveté lui fait peur, et honte. Je l'aime de tout mon cœur, et lui m'est attaché, mais il pense qu'il est de trop ici, un pique-assiette, un parasite... La chose est claire : c'est l'amour-propre qui le ronge.

ARKADINA – Que de soucis il me donne ! *(Elle réfléchit.)* Il devrait peut-être entrer dans l'administration ?

SORINE *sifflote, puis, d'un ton hésitant.* – Le mieux, à mon avis, serait...que tu lui donnes un peu d'argent. D'abord, il devrait s'habiller comme tout le monde... et ainsi de suite. Regarde-le : il traîne le même veston depuis trois ans, il n'a pas de pardessus... *(Il rit.)* Et puis, cela ne lui ferait pas de mal, à ce petit, de s'aérer un peu... D'aller faire un tour à l'étranger, par exemple... Ça ne coûterait pas si cher !

ARKADINA – Tout de même... Je pourrais, à la rigueur, lui payer un costume... Quant au voyage à l'étranger... D'ailleurs, même un costume, non... en ce moment, c'est impossible ! *(Avec énergie :)* Je n'ai pas d'argent. *(Sorine rit.)* Je n'en ai pas.

SORINE *sifflote.* – C'est bon. Excuse-moi, ma chérie, ne te fâche pas. Je te crois. Tu es une femme généreuse et noble.

ARKADINA, *avec des larmes.* – Je n'ai pas d'argent.

SORINE – Si j'en avais, moi, je lui en donnerais, la chose est claire. Mais rien, pas un rond. *(Il rit.)* Le régisseur met le grappin sur ma pension, et tout file pour l'agriculture, l'élevage, l'apiculture ; et mon argent s'en va, en pure perte. Les abeilles crèvent, les vaches crèvent, pas moyen d'obtenir de chevaux...

ARKADINA – Oui, j'ai de l'argent, mais je suis une artiste : rien que pour les toilettes, une vraie ruine !

SORINE – Tu es bonne et gentille... Je t'estime... Oui... Mais...Qu'est-ce qui m'arrive ? *(Il chancelle.)* La tête me tourne. *(Il s'appuie à la table.)* Je ne suis pas bien...et voilà tout.

ARKADINA, *effrayée.* – Petroucha ! *(Elle essaie de le soutenir.)* Petroucha mon ami... *(Elle crie :)* Au secours ! Au secours ! *(Entrent Treplev, la tête entourée d'un pansement, et Medvedenko.)* Il se trouve mal.

SORINE – Ce n'est rien, ce n'est rien...*(Il sourit et boit de l'eau.)* C'est fini...et voilà.

TREPLEV, *à sa mère.* – Ne t'effraie pas, maman, rien de dangereux. Ça lui arrive souvent depuis quelque temps. *(À Sorine :)* Tu devrais aller t'étendre, mon oncle.

SORINE – M'étendre un peu, oui... Mais j'irai tout de même en ville. Je me reposerai, et puis je partirai...et voilà.

Il s'en va en s'appuyant sur sa canne.

MEDVEDENKO, *le soutenant par le bras.* – Il y a une devinette : le matin à quatre pattes, à midi sur deux jambes, le soir sur trois...

SORINE, *riant.* – Exactement. Et la nuit, sur le dos. Je vous remercie, je peux marcher seul.

MEDVEDENKO – Que de cérémonies !

Ils sortent.

ARKADINA – Comme il m'a fait peur !

TREPLEV – La campagne ne lui vaut rien. Il s'ennuie trop. Tiens, maman, si tu étais en veine de générosité, tu lui prêterais quinze cents ou deux mille roubles ; il pourrait passer une année entière à la ville.

ARKADINA – Je n'ai pas d'argent. Je suis actrice, pas banquier.

Un temps.

TREPLEV – Refais-moi mon pansement, maman. Tu le fais si bien.

ARKADINA *sort de l'armoire un flacon d'iode et une boîte de pansements.* – Le docteur est en retard.

TREPLEV – Il a promis de venir à dix heures, il est déjà midi...

ARKADINA – Assieds-toi. *(Elle défait le pansement.)* On dirait que tu portes un turban. Hier, quelqu'un a demandé à la cuisine de quelle nationalité tu étais. Voilà, c'est presque guéri. Encore quelques petits bobos. *(Elle l'embrasse à la tête.)* Mais, dis-moi, en mon absence...tu ne feras plus pan-pan ?

TREPLEV – Non, maman. J'ai eu un moment de désespoir fou je n'étais plus mon maître. Cela n'arrivera plus. *(Il lui baise la main.)* Tu as des mains de fée. Je me rappelle, il y a très longtemps, tu jouais encore au Théâtre d'État, moi j'étais tout petit, il y a eu une bagarre dans notre cour, quelqu'un a malmené une blanchisseuse. Tu t'en souviens ? On l'a relevée sans connaissance. Toi, tu as été la voir, tu lui as porté des médicaments, tu as lavé ses enfants dans une cuve...Comment, tu ne te rappelles pas ?

ARKADINA – Non.

TREPLEV – Il y avait aussi deux ballerines dans la maison. Elles venaient prendre le café chez toi…

ARKADINA – Ça, je m'en souviens.

TREPLEV – Elles étaient très pieuses… *(Un temps.)* Depuis quelques jours, je t'aime aussi tendrement, aussi naïvement que dans mon enfance. Je n'ai plus que toi au monde. Mais pourquoi, pourquoi céder à l'influence de cet homme ?

ARKADINA – Tu ne le comprends pas, Constantin. C'est l'être le plus noble qui soit…

TREPLEV – Ce qui ne l'a pas empêché de se montrer poltron quand on lui a appris que j'avais l'intention de le provoquer en duel. Il veut partir. C'est une fuite honteuse.

ARKADINA – Quelles bêtises ! C'est moi-même qui lui ai demandé de partir.

TREPLEV – L'être le plus noble ! Nous voilà presque brouillés à cause de lui, lui qui, en ce moment, au salon ou au jardin, est en train de se moquer de nous… ou bien de cultiver l'esprit de Nina, de la persuader définitivement de son génie…

ARKADINA – Quel plaisir éprouves-tu à me dire des choses désagréables ? J'estime cet homme, et je te prie de ne pas l'insulter devant moi.

TREPLEV – Moi, je ne l'estime pas. Tu voudrais que moi aussi je le considère comme un génie mais, excuse-moi, je ne sais pas mentir : ses œuvres me répugnent.

ARKADINA – C'est de la jalousie. Les gens dépourvus de talent, mais prétentieux, n'ont rien d'autre à faire que de dénigrer les vrais talents. Belle consolation !

TREPLEV, *ironique.* – Les vrais talents ! *(En colère :)* J'ai plus de talent que vous tous, s'il faut parler franc. *(Il arrache son pansement.)* Vous autres, routiniers, vous vous êtes imposés en art. Rien n'est permis et authentique que ce que vous faites, tout le reste, vous l'opprimez, vous l'étouffez. Je ne vous reconnais pas ! Ni toi ni lui !

ARKADINA – Décadent !

TREPLEV – Retourne donc à ton cher théâtre, va jouer dans des pièces lamentables et stupides.

ARKADINA – Je n'ai jamais joué dans des pièces pareilles ! Laisse-moi. Tu n'es même pas capable d'écrire un malheureux vaudeville. Petit-bourgeois de Kiev ! Parasite !

TREPLEV – Grippe-sou !

ARKADINA – Clochard ! *(Treplev s'assied et pleure sans bruit.)* Nullité ! *(Agitée, elle fait quelques pas.)* Ne pleure pas ! Il ne faut pas pleurer…*(Elle pleure.)* Non, il ne faut pas…*(Elle couvre de baisers le front, les joues, les cheveux de son fils.)* Mon cher enfant, pardonne-moi… pardonne à ta mère, pardonne à la pauvre pécheresse…

TREPLEV, *l'étreignant.* – Si tu savais ! J'ai tout perdu. Elle ne m'aime pas. Je ne peux plus écrire. Toutes mes espérances se sont évanouies…

ARKADINA – Ne désespère pas. Tout va s'arranger. Il va partir tout à l'heure, elle t'aimera à nouveau. *(Elle essuie les larmes de Treplev.)* Assez. Nous voilà réconciliés, n'est-ce pas ?

TREPLEV, *lui baisant les mains.* – Oui, maman.

ARKADINA, *tendrement.* – Fais la paix avec lui aussi. Il ne faut pas de duel. N'est-ce pas ?

TREPLEV – Bien…Mais permets-moi de ne plus le revoir, maman. C'est trop pénible… au-dessus de mes forces. *(Entre*

Trigorine.) Voilà…Je m'en vais. *(Il range rapidement les médicaments dans l'armoire.)* Le docteur me fera un pansement.

Il ramasse son pansement par terre et sort.

TRIGORINE, *il feuillette un livre.* – Page 121…Lignes 11 et 12. Voilà. *(Il lit.)* « Si jamais tu as besoin de ma vie, viens la prendre. »

ARKADINA *regarde sa montre.* – La voiture sera là dans un moment.

TRIGORINE, *à mi-voix.* – « Si jamais tu as besoin de ma vie, viens la prendre. »

ARKADINA – J'espère que tu as tout emballé ?

TRIGORINE, *avec impatience.* – Oui. Oui… *(Pensif :)* Pourquoi ai-je senti de la tristesse dans cet appel d'une âme pure, pourquoi mon cœur s'est-il si douloureusement serré ? « Si jamais tu as besoin de ma vie, viens la prendre. » *(À Arkadina :)* Restons un jour de plus ! *(Arkadina secoue la tête.)* Restons !

ARKADINA – Chéri, je sais ce qui te retient ici. Mais il faut te maîtriser. Tu es un peu enivré, reprends-toi.

TRIGORINE – Toi aussi, sois lucide, sois raisonnable et calme, je t'en supplie, considère tout cela en amie véritable. *(Il lui serre la main.)* Tu es capable de sacrifice…Sois mon amie, rends-moi ma liberté…

ARKADINA, *vivement émue.* – Tu es donc tellement amoureux ?

TRIGORINE – Je me sens attiré vers elle. Peut-être est-ce justement ce qui me manque.

ARKADINA – L'amour d'une petite provinciale ! Oh ! Comme tu te connais mal !

TRIGORINE – Il arrive aux gens de dormir tout en marchant, ainsi je te parle et je crois dormir et la voir en rêve...Des visions suaves, merveilleuses...Rends-moi ma liberté...

ARKADINA, *tremblante.* – Non, non...Je ne suis qu'une femme ordinaire, on n'a pas le droit de me parler ainsi...Ne me torture pas, Boris. J'ai peur...

TRIGORINE – Si tu le veux, tu peux être une femme exceptionnelle. Un amour jeune, charmant, poétique, qui vous emporte dans un monde de rêves, lui seul peut vous donner encore un bonheur sur terre ! Je n'ai jamais connu un tel amour... Quand j'étais jeune, je n'avais pas le temps, je courais les rédactions, je luttais contre la misère... Et voilà, il est enfin venu, il m'appelle...Pourquoi le fuir ?

ARKADINA, *avec colère.* – Tu es fou !

TRIGORINE – Tant pis.

ARKADINA – Vous vous êtes tous donné le mot pour me torturer, aujourd'hui !

Elle pleure.

TRIGORINE *se prend la tête.* – Elle ne comprend pas ! Elle ne veut pas comprendre !

ARKADINA – Suis-je donc si vieille et si laide, que l'on puisse, sans se gêner, me parler d'autres femmes ? *(Elle l'étreint et l'embrasse.)* Oh ! tu as perdu l'esprit... Ma beauté, mon divin... Tu es la dernière page de ma vie ! *(Elle s'agenouille.)* Ma joie, ma fierté, ma félicité... *(Elle enlace ses genoux.)* Si tu me quittes, même une heure, je n'y survivrai pas ; je deviendrai folle, mon merveilleux, mon sublime, mon maître...

TRIGORINE – Quelqu'un pourrait entrer.

Il l'aide à se relever.

ARKADINA – Qu'on entre ! Je n'ai pas honte de mon amour pour toi. *(Elle lui baise les mains.)* Mon trésor, ma tête brûlée, tu veux faire des folies, mais moi je ne veux pas, je ne te laisserai pas faire… *(Elle rit.)* Tu es à moi… à moi… À moi ce front, et ces yeux, et ces beaux cheveux soyeux ; à moi tout entier. Tu as tant de talent, tu es si intelligent, le meilleur de tous les écrivains vivants, l'unique espoir de la Russie…Tu as tant de sincérité, de fraîcheur, d'humour sain… D'un seul trait tu sais rendre le caractère d'un être ou d'un paysage ; tes personnages sont vivants… Oh ! on ne peut te lire sans enthousiasme. Tu crois que je t'encense, que je te flatte ? Regarde-moi bien dans les yeux. Ai-je l'air d'une menteuse ? Tu vois bien, je suis la seule à savoir t'apprécier, je te dis la vérité, mon chéri, ma merveille…Tu viendras avec moi, dis ? Tu ne m'abandonneras pas ?

TRIGORINE – Je n'ai pas de volonté, je n'en ai jamais eu… Veule et mou, toujours soumis, comment cela pourrait-il plaire aux femmes ? Prends-moi, emmène-moi, seulement ne me quitte plus d'un pas…

ARKADINA, *à part.* – Maintenant, il est à moi. *(D'un ton détaché, comme si de rien n'était :)* D'ailleurs, reste, si tu en as envie. Je partirai ; tu me rejoindras plus tard, dans une huitaine de jours. C'est vrai, pourquoi te presser ?

TRIGORINE – Non, nous partons ensemble.

ARKADINA – Comme il te plaira. On part ensemble, c'est entendu. *(Un temps. Trigorine écrit dans son carnet.)* Qu'est-ce que tu écris ?

TRIGORINE – J'ai entendu ce matin un mot amusant : « Le bois des vierges. » Ça peut servir. *(Il s'étire.)* Donc, nous partons ? À nouveau des wagons, des gares, des buffets, des côtelettes de veau, des bavardages…

CHAMRAËV *entre.* – J'ai l'honneur et le regret de vous annoncer que la voiture est à la porte. Il est temps de partir, très estimée : le train arrive à deux heures et cinq minutes. Eh bien, Irina Nikolaevna, n'oubliez pas de vous informer de ce qu'est devenu l'acteur Souzdaltzev, ayez cette bonté : vit-il encore ? Est-il en bonne santé ? Dans le temps, j'ai vidé pas mal de verres en sa compagnie… Dans *Le Courier attaqué* il était inimitable. Le tragédien Izmaïlov jouait dans la même troupe, à Elizavet-grad : encore un personnage remarquable… Ne vous pressez pas trop, très estimée, vous avez encore cinq minutes… Une fois, dans un mélodrame, tous deux jouaient des conspirateurs, et au moment d'être pris, Izmaïlov devait dire : « Nous sommes tom-bés dans un guet-apens. » Et le voilà qui dit : « Nous sommes tombés dans un pet-aguens. » *(Il rit bruyamment.)* Un pet-aguens !

Pendant qu'il parle, Yakov s'occupe des valises, la bonne apporte son chapeau à Arkadina, son manteau, son parapluie, ses gants ; chacun aide l'actrice à s'habiller. Le cuisinier passe la tête par la porte de gauche, puis entre d'un air hésitant. Entrent Paulina Andréevna, puis Sorine et Medvedenko.

PAULINA, *un petit panier à la main.* – Voilà quelques prunes pour le voyage. Elles sont très sucrées. Vous aurez peut-être envie de vous régaler…

ARKADINA – Vous êtes très bonne, Paulina Andréevna.

PAULINA – Adieu, chère amie. S'il y a eu quelques malen-tendus, pardonnez-nous.

Elle pleure.

ARKADINA, *l'embrassant.* – Tout a été bien. Seulement, il ne faut pas pleurer.

PAULINA – Notre temps est fini !

ARKADINA – Qu'y faire !

SORINE, *coiffé, vêtu d'un manteau à pèlerine, s'appuyant sur une canne, sort par la porte de gauche.* – On finira par rater le train, ma sœur. Moi, je monte en voiture.

Il sort.

MEDVEDENKO – Et moi, je vais à la gare à pied... pour vous accompagner. Je file.

Il sort.

ARKADINA – Au revoir, mes chers amis. Si nous sommes encore en vie et bien portants, nous nous reverrons l'été prochain. *(La bonne, Yakov et le cuisinier lui baisent la main.)* Ne m'oubliez pas. *(Elle donne un rouble au cuisinier.)* Voilà un rouble pour vous trois.

LE CUISINIER – Merci beaucoup, madame. Bon voyage. Nous vous sommes bien obligés.

YAKOV – Que Dieu vous garde.

CHAMRAËV – Une petite lettre de vous nous ferait bien plaisir. Adieu, Boris Alexéevitch !

ARKADINA – Où est Constantin ? Dites-lui que je pars, je veux lui dire adieu. Eh bien, ne gardez pas trop mauvais souvenir de moi. *(À Yakov :)* J'ai donné un rouble au cuisinier. C'est pour vous trois.

Tous sortent par la porte de droite. La scène reste vide. Derrière, les bruits qui accompagnent habituellement un départ. La bonne revient, prend sur la table le petit panier de prunes et sort.

TRIGORINE, *revenant.* – J'ai oublié ma canne. Elle doit
être sur la terrasse. *(À la porte de gauche il se trouve face à face
avec Nina, qui entre.)* C'est vous ? Nous partons…

NINA – Je savais que nous nous reverrions encore. *(Très
animée :)* Boris Alexéevitch ! Ma décision est irrévocable, les
dés sont jetés, je vais faire du théâtre. Demain, je ne serai plus
ici, je quitte mon père, j'abandonne tout, une vie nouvelle commence… Je pars comme vous… pour Moscou… Nous nous re-
trouverons là-bas.

TRIGORINE, *jette un regard autour de lui.* – Descendez
au Bazar Slave. Prévenez-moi dès votre arrivée…à Moltchanov-
ka, maison de Grokholski…Je suis pressé…

Un temps.

NINA – Encore un instant…

TRIGORINE, *baissant la voix.* – Que vous êtes belle ! Oh !
quel bonheur de savoir que nous nous reverrons bientôt…*(Nina
appuie sa tête contre la poitrine de Trigorine.)* Je reverrai ces
yeux merveilleux, ce tendre sourire indiciblement beau… la
douceur de ces traits, cette expression de pureté angélique…Ma
chérie…

Un long baiser.

RIDEAU

Deux ans s'écoulent entre le troisième et le quatrième acte.

ACTE IV

Un salon dans la maison de Sorine, aménagé par Constantin Treplev en cabinet de travail. À droite et à gauche, des portes accédant à l'intérieur de la maison. En face, une porte vitrée donnant sur la terrasse. Outre le mobilier habituel d'un salon, on voit dans un coin à droite un bureau, près de la porte de gauche un large divan ; une bibliothèque ; des livres sur le rebord des fenêtres et sur les chaises.

C'est le soir. Une seule lampe à abat-jour éclaire la pièce. Pénombre. On entend le bruit des arbres et le sifflement du vent dans les cheminées. Le veilleur de nuit secoue ses claquettes.

Entrent Medvedenko et Macha.

MACHA, *appelle.* Constantin Gavrilytch ! Constantin Gavrilytch ! *(Elle regarde autour d'elle :)* Personne ! Le vieux demande à chaque instant où est son Kostia. Il ne peut plus se passer de lui...

MEDVEDENKO – Il craint la solitude. *(Il écoute :)* Quel temps ! Deux jours que ça dure.

MACHA, *elle relève la mèche de la lampe.* – Il y a des vagues énormes sur le lac.

MEDVEDENKO – Il fait noir dans le jardin. On devrait démolir ce théâtre ; il est là, nu, affreux comme un squelette, et le rideau claque à tous les vents. Hier soir, en passant devant, il m'a semblé que quelqu'un pleurait, à l'intérieur.

MACHA – En voilà des idées...

Un temps.

MEDVEDENKO – Macha, rentrons à la maison.

MACHA, *elle secoue la tête.* – Je reste coucher ici.

MEDVEDENKO, *suppliant.* – Rentrons, Macha. Notre petit a faim, j'en suis sûr.

MACHA – Bêtises ! Matriona le fera manger.

Un temps.

MEDVEDENKO – Il me fait pitié. Il est privé de sa mère depuis trois nuits.

MACHA – Que tu es devenu ennuyeux ! Avant, au moins, il t'arrivait de philosopher, mais maintenant, toujours la même chanson : « Le petit, rentrons à la maison, le petit, rentrons à la maison. »

MEDVEDENKO – Viens à la maison, Macha.

MACHA – Vas-y seul.

MEDVEDENKO – Ton père ne me donnera pas de cheval.

MACHA – Mais si. Tu n'as qu'à lui demander.

MEDVEDENKO – Bon, je vais lui demander. Alors tu rentreras demain ?

MACHA, *elle prise.* – Mais oui, demain... Tu es assommant...

Entrent Treplev et Paulina Andréevna ; le premier porte des oreillers et une couverture, Paulina, des draps. Ils posent le tout sur le divan. Treplev s'assied à son bureau.

MACHA – C'est pour quoi faire, maman ?

PAULINA – Piotr Nikolaévitch a demandé que l'on fasse son lit dans le bureau de Kostia.

MACHA – Laissez-moi faire.

Elle met les draps sur le divan.

PAULINA, *avec un soupir.* – Les vieux sont comme des enfants...

Elle s'approche du bureau et, appuyée sur un coude, lit le manuscrit. Un temps.

MEDVEDENKO – Alors, je m'en vais. Au revoir, Macha. *(Il baise la main de sa femme.)* Au revoir, maman.

Il veut baiser la main de sa belle-mère.

PAULINE, *avec humeur.* – C'est bon ! Pars si tu veux.

MEDVEDENKO – Adieu, Constantin Gavrilovitch.

Treplev lui tend la main en silence. Medvedenko sort.

PAULINA, *regardant le manuscrit.* – Qui aurait cru, Kostia, que vous deviendriez un véritable écrivain ? Dieu merci, les revues commencent à vous envoyer de l'argent. *(Elle lui caresse les cheveux.)* Et puis, le voilà beau, à présent...Mon cher, mon bon Kostia, soyez plus gentil avec ma petite Macha.

MACHA, *elle fait le lit.* – Laissez-le tranquille, maman.

PAULINA – Elle est mignonne. *(Un temps.)* Une femme ne demande pas grand-chose, Kostia : un regard affectueux, de temps en temps. Je le sais par expérience.

> *Treplev se lève et sort en silence.*

MACHA – Voilà, il est fâché. Pourquoi l'avoir ennuyé ?

PAULINA – C'est que je te plains, ma petite Macha.

MACHA – À quoi ça sert ?

PAULINA – Mon cœur souffre pour toi : je vois, je comprends tout.

MACHA – Bêtises ! L'amour sans espoir n'existe que dans les romans. Balivernes ! Il ne faut pas se laisser aller, c'est tout, ne pas attendre éternellement le beau temps sur je ne sais quel rivage…Si l'amour pousse dans ton cœur, arrache-le. On a promis de nommer mon mari dans un autre district. Une fois loin, j'oublierai tout…J'arracherai tout, jusqu'aux racines.

> *Dans la pièce voisine, on joue une valse mélancolique.*

PAULINA – C'est Kostia qui joue. Cela veut dire qu'il est triste.

MACHA, *elle fait sans bruit deux ou trois tours de valse.* – Le principal, c'est de ne plus le voir. Que mon Semione soit nommé ailleurs, et croyez-moi, au bout d'un mois, tout sera oublié. Ce sont des bêtises !

> *La porte de gauche s'ouvre. Dorn et Medvedenko roulent Sorine dans un fauteuil.*

MEDVEDENKO – Nous voilà six à la maison. Et la farine coûte soixante-dix kopecks le poud !

DORN – Débrouille-toi comme tu peux !

MEDVEDENKO – Ça vous va bien de rire. Vous avez de l'argent plein les poches.

DORN – De l'argent ? Mon ami, pendant trente ans de métier – un métier dur qui ne me laissait de répit ni jour ni nuit – je n'ai réussi à économiser que deux mille roubles, que je viens de dépenser à l'étranger. Je n'ai pas le sou.

MACHA, *à son mari.* – Tu n'es pas encore parti ?

MEDVEDENKO, *d'un air coupable.* – Que veux-tu ? on ne me donne pas de cheval !

MACHA, *à mi-voix, avec amertume et dépit.* – Puissent mes yeux ne plus te voir !

Le fauteuil de Sorine est placé dans la partie gauche de la pièce. Paulina Andréevna, Macha et Dorn s'assoient près de Sorine. Medvedenko, triste, se met à l'écart.

DORN – Que de changements ! Le salon est devenu un cabinet de travail.

MACHA – C'est plus commode pour Constantin Gavrilovitch. Quand il veut réfléchir, le jardin est à sa porte.

On entend les claquettes du veilleur de nuit.

SORINE – Où est ma sœur ?

DORN – Elle est partie chercher Trigorine à la gare. Elle ne va pas tarder.

SORINE – Si vous avez jugé nécessaire de faire venir ma sœur, c'est que je suis gravement malade. *(Après un silence.)* Drôle d'histoire ! Je suis gravement malade, et on ne me donne pas de médicaments.

DORN – Que voulez-vous qu'on vous donne ? Du valérianate ? Du bicarbonate ? De la quinine ?

SORINE – Voilà la philosophie qui recommence. Oh ! quel
châtiment ! *(Désignant le divan :)* C'est pour moi, ce lit ?

PAULINA – Pour vous, Piotr Nikolaévitch.

SORINE – Je vous remercie.

DORN, *il chantonne.* – « La lune vogue dans le ciel noc-
turne...»

SORINE – Je vais proposer à Kostia un sujet de nouvelle :
L'homme qui voulait. Dans ma jeunesse je voulais devenir écrivain, et je ne le suis pas devenu ; je voulais être éloquent, et j'ai
toujours parlé très mal. *(Il s'imite :)* « Et voilà tout, et ainsi de
suite, comment dire...» Il m'arrivait de suer sang et eau avant
de pondre une conclusion. Je voulais me marier, et je ne suis
pas marié. Je voulais toujours habiter la ville, et je finis mes
jours à la campagne. Et voilà tout.

DORN – Je voulais devenir conseiller d'État, et je le suis
devenu.

SORINE, *en riant.* – Ça, je ne l'ai pas cherché. C'est arrivé
tout seul.

DORN – Se plaindre de la vie à soixante-deux ans ! Avouez
que ce n'est pas généreux !

SORINE – Que vous êtes entêté ! Comprenez donc, je voudrais vivre.

DORN – C'est de la légèreté d'esprit. D'après les lois de la
nature, toute vie doit avoir une fin.

SORINE – Raisonnement d'homme blasé. Vous êtes rassasié, alors la vie vous laisse indifférent, tout vous est égal. Pourtant, vous aussi, vous aurez peur de mourir.

DORN – La crainte de la mort est une crainte animale. Il faut la surmonter. N'ont une peur consciente de la mort que ceux qui croient à la vie éternelle et que leurs péchés terrorisent. Mais vous, premièrement vous ne croyez pas, et deuxièmement, quels péchés avez-vous commis ? Vous avez servi dans la magistrature pendant vingt-cinq ans, voilà tout.

SORINE, *en riant.* – Pendant vingt-huit ans...

Treplev entre et s'assoit sur un petit banc aux pieds de Sorine. Macha ne le quitte pas des yeux.

DORN – Nous empêchons Constantin Gavrilovitch de travailler.

TREPLEV – Ça ne fait rien.

Un temps.

MEDVEDENKO – Permettez-moi de vous demander, docteur, quelle ville avez-vous le plus aimée à l'étranger ?

DORN – Gênes.

TREPLEV – Pourquoi Gênes ?

DORN – La foule y est extrêmement attachante. Quand on sort de l'hôtel, le soir, les rues sont pleines de monde. On déambule avec le peuple, sans but, on va ici et là, en ligne brisée, on partage la vie des gens, on se confond, pour ainsi dire, psychiquement avec eux, et on commence à croire qu'il existe vraiment une âme universelle, comme celle que Nina Zaretchnaia interprétait jadis dans votre pièce. À propos, où est-elle maintenant, Nina ? Que devient-elle ?

TREPLEV – Je pense qu'elle se porte bien.

DORN – On m'a dit qu'elle menait une vie peu banale. Qu'y a-t-il, au juste ?

TREPLEV – C'est une longue histoire, docteur.

DORN – Racontez-la brièvement.

Un temps.

TREPLEV – Elle s'est sauvée de chez elle pour vivre avec Trigorine. Vous saviez cela ?

DORN – Oui.

TREPLEV – Elle a eu un enfant, qui est mort. Trigorine a cessé de l'aimer, et, comme il fallait s'y attendre, il est revenu à ses anciennes amours, qu'il n'avait d'ailleurs jamais quittées. Par manque de caractère, il réussissait, je ne sais comment, à satisfaire tout le monde. Autant que je sache, la vie privée de Nina a été un échec.

DORN – Et le théâtre ?

TREPLEV – Pire encore, je crois. Elle a débuté dans un théâtre d'été, près de Moscou, puis elle est partie en province. Je ne la perdais pas de vue et, pendant un certain temps, j'allais partout où elle allait. Elle s'attaquait toujours à des rôles importants, mais elle jouait brutalement, sans goût, elle hurlait, elle gesticulait. Il lui arrivait de pousser un cri, de mourir avec talent, mais ce n'était que de rares instants.

DORN – Elle a donc tout de même du talent ?

TREPLEV – C'est difficile à dire. Elle en a, probablement. Quand je voulais la voir, à l'hôtel, elle refusait de me recevoir, le domestique me défendait d'entrer dans sa chambre. Je comprenais, je n'insistais pas. *(Un temps.)* Que vous dire encore ? Plus tard, quand je suis revenu à la maison, elle m'a écrit. Des lettres fines, amicales, intéressantes ; elle ne se plaignait pas, mais je la sentais profondément malheureuse ; chaque ligne décelait des nerfs malades, tendus. L'imagination un peu déroutée. Elle signait : « La Mouette ». Dans l'*Ondine*, de Pouchkine, le meunier affirme qu'il est un corbeau, dans ses lettres elle disait qu'elle était une mouette. Et maintenant elle est ici.

DORN – Comment, ici ?

TREPLEV – En ville, dans une auberge. Depuis cinq jours. J'ai essayé de la voir ! Maria Iliinitchna y est allée, mais elle ne reçoit personne. Semione Semionovitch assure l'avoir vue, hier, après le dîner, à deux verstes d'ici, dans un champ.

MEDVEDENKO – Oui, je l'ai vue. Elle allait dans l'autre direction, vers la ville. Je l'ai saluée, je lui ai demandé pourquoi elle ne venait pas nous voir. Elle a dit qu'elle viendrait.

TREPLEV – Elle ne viendra pas. *(Un temps.)* Son père et sa belle-mère ne veulent plus en entendre parler. Ils ont posté des gardiens partout, pour lui interdire l'accès de leur propriété. *(Il va vers sa table de travail, accompagné du docteur.)* Qu'il est facile, docteur, d'être philosophe sur le papier, et comme c'est difficile dans la vie !

SORINE – C'était une jeune fille charmante.

DORN – Comment ?

SORINE – Je dis que c'était une jeune fille charmante. Le conseiller d'État Sorine en a même été amoureux pendant quelque temps.

DORN – Vieux Lovelace !

On entend le rire de Chamraëv.

PAULINA – Ah ! Les nôtres reviennent de la gare.

TREPLEV – Oui, j'entends maman.

Entrent Arkadina, Trigorine, suivis de Chamraëv.

CHAMRAËV, *entrant.* – Nous vieillissons tous, nous nous effritons sous l'influence des éléments, mais vous, très estimée, toujours jeune... Ce chemisier clair... cette vivacité... cette grâce...

ARKADINA – Vous voulez encore me jeter un mauvais sort, homme insupportable !

TRIGORINE, *à Sorine.* – Bonjour, Piotr Nikolaévitch ! Encore souffrant ? Ce n'est pas bien. *(À Macha, joyeusement :)* Maria Iliinitchna !

MACHA – Vous m'avez reconnue ?

Elle lui serre la main.

TRIGORINE – Mariée ?

MACHA – Depuis longtemps.

TRIGORINE – Heureuse ? *(Il salue Dorn et Medvedenko, puis s'approche de Treplev, l'air hésitant :)* Irina Nikolaevna m'a dit que vous aviez oublié le passé et que vous ne m'en vouliez plus.

Treplev lui tend la main.

ARKADINA, *à son fils.* – Boris Alexéevitch a apporté la revue où a paru ton dernier conte.

TREPLEV *prend la revue ; à Trigorine.* – Merci. Vous êtes bien aimable.

Ils s'assoient.

TRIGORINE – Vos admirateurs vous envoient leurs salutations. À Pétersbourg et à Moscou on s'intéresse beaucoup à vous. On me pose des questions à votre sujet : comment est-il, quel âge a-t-il, est-il brun ou blond ? On pense, je ne sais pourquoi, que vous n'êtes plus tout jeune. Et comme vous avez un pseudonyme, personne ne connaît votre vrai nom. Vous êtes mystérieux comme le Masque de Fer.

TREPLEV – Vous êtes là pour un certain temps ?

TRIGORINE – Non. Je pense partir pour Moscou demain. C'est indispensable. J'ai hâte de terminer un récit, puis j'ai promis de donner quelque chose pour un recueil. Bref, c'est toujours la même histoire. *(Pendant qu'il parle, Arkadina et Paulina Andréevna poussent et déplient une table de jeu au milieu de la pièce, Chamraëv allume des bougies, apporte des chaises. On sort un jeu de loto de l'armoire.)* La nature m'a plutôt mal accueilli. Quel vent ! Demain matin, si la tempête se calme, j'irai pêcher dans le lac. J'en profiterai pour revoir le jardin, et cet endroit – vous vous souvenez ? – où l'on a joué votre pièce. J'ai un sujet, tout prêt ; il me suffira de raviver le souvenir des lieux.

MACHA, *à son père.* – Papa, permets à mon mari de prendre une voiture. Il faut qu'il rentre.

CHAMRAËV, *l'imitant.* – « Une voiture... il faut qu'il rentre... » *(Sévèrement :)* Tu l'as vu toi-même : les chevaux reviennent à peine de la gare ! Et tu voudrais qu'ils repartent ?...

MACHA – Il y en a d'autres... *(Son père ne répond pas, elle a un geste découragé.)* Inutile de vous demander quoi que ce soit...

MEDVEDENKO – J'irai à pied, Macha. Vraiment...

PAULINA, *en soupirant.* – À pied, par un temps pareil ! *(Elle s'assoit à la table de jeu.)* Venez, mesdames et messieurs.

MEDVEDENKO – Ça ne fait jamais que six verstes. Adieu… *(Il baise la main de sa femme.)* Adieu, maman. *(Sa belle-mère lui tend avec humeur sa main à baiser.)* Je n'aurais dérangé personne, mais c'est à cause du petit…*(Il salue tout le monde.)* Adieu…

Il sort, l'air coupable.

CHAMRAËV – Ne t'en fais pas, il arrivera bien ; ce n'est pas un général.

PAULINA *frappe sur la table.* – Venez, mes amis. Ne perdons pas de temps, on va bientôt nous appeler pour dîner.

Chamraëv, Macha et Dorn prennent place à table.

ARKADINA, *à Trigorine.* – Ici, lorsque arrivent les longues soirées d'automne, on joue au loto. Regardez : c'est un jeu ancien. Notre mère jouait avec nous quand nous étions petits. Voulez-vous faire une partie avant le dîner ? *(Elle et Trigorine prennent place à table.)* C'est un jeu ennuyeux, mais à la longue, on s'y fait.

Elle distribue trois cartes à chacun.

TREPLEV, *feuilletant la revue.* – Il a lu son récit, mais il n'a même pas coupé les pages du mien.

Il pose la revue sur la table et se dirige vers la porte de gauche. En passant près de sa mère, il l'embrasse dans les cheveux.

ARKADINA – Et toi, Kostia ?

TREPLEV – Excuse-moi, je n'ai pas envie de jouer. Je vais faire un tour.

Il sort.

ARKADINA – La mise est de dix kopecks. Misez pour moi, docteur.

DORN – À vos ordres.

MACHA – Tout le monde a misé. Je commence… Vingt-deux !…

ARKADINA – Ici.

MACHA – Trois !

DORN – Voilà.

MACHA – Vous avez marqué trois ? Huit ! Quatre-vingt-un ! Dix !

CHAMRAËV – Pas si vite.

ARKADINA – Quel accueil j'ai reçu à Kharkov, mes amis ! La tête m'en tourne encore.

MACHA – Trente-quatre !

Derrière la scène, on joue une valse mélancolique.

ARKADINA – Les étudiants m'on fait une ovation !…Trois corbeilles de fleurs, deux couronnes, et ça.

Elle ôte une broche de sa poitrine et la jette sur la table.

CHAMRAËV – Oui, c'est un objet…

MACHA – Cinquante !

DORN – Cinquante tout rond ?

ARKADINA – J'avais une robe étonnante…Qu'on dise de moi ce qu'on veut, mais pour la toilette, je ne crains personne.

PAULINA – C'est Kostia qui joue. Il est triste, le pauvre.

CHAMRAËV – Les journaux disent beaucoup de mal de lui.

MACHA – Soixante-dix-sept !

ARKADINA – Pourquoi y fait-il attention ?

TRIGORINE – Il n'a pas de veine. Il n'arrive pas à trouver un ton personnel. Il écrit des choses étranges, mal définies, parfois cela tourne au délire. Et pas un seul personnage vivant.

MACHA – Onze !

ARKADINA, *se retournant vers Sorine.* – Petroucha, tu t'ennuies ? *(Un temps.)* Il dort.

DORN – Le conseiller d'État dort.

MACHA – Sept ! Quatre-vingt-dix !

TRIGORINE – Si j'habitais une propriété pareille, près du lac, est-ce que je songerais à écrire ? J'aurais étouffé cette passion, je ne ferais qu'aller à la pêche.

MACHA – Vingt-huit !

TRIGORINE – Prendre une perche ou un goujon, c'est une telle joie !

DORN – Eh bien ! moi, je crois en Constantin Gavrilovitch. Il y a quelque chose en lui. Sa pensée s'exprime en images, ses contes sont colorés et vifs ; je les sens fortement. Dommage seulement qu'il n'ait pas de but bien défini. Il suscite un climat et c'est tout ; ce n'est pas suffisant. Êtes-vous contente, Irina Nikolaevna, que votre fils soit devenu écrivain ?

ARKADINA – Je n'ai encore rien lu de lui, figurez-vous. Je n'ai jamais le temps.

MACHA – Vingt-six !

Treplev entre doucement et va vers sa table.

CHAMRAËV, *à Trigorine.* – Boris Alexéevitch, vous avez oublié quelque chose ici.

TRIGORINE – Quoi donc ?

CHAMRAËV – Un jour, Constantin Gavrilovitch avait tué une mouette, et vous m'aviez chargé de la faire empailler.

TRIGORINE – Je ne m'en souviens pas. *(Il réfléchit.)* Je ne m'en souviens pas !

MACHA – Soixante-six ! Un !

TREPLEV *pousse la fenêtre, il écoute.* – Comme il fait noir. D'où vient cette soudaine inquiétude ?

ARKADINA – Kostia, ferme la fenêtre. Ça fait des courants d'air.

Treplev ferme la fenêtre.

MACHA – Quatre-vingt-huit !

TRIGORINE – J'ai gagné, mes amis.

ARKADINA – Bravo, bravo !

CHAMRAËV – Bravo !

ARKADINA – Cet homme a toujours et en tout de la chance. *(Elle se lève.)* Et maintenant on va aller manger un morceau. Notre célébrité n'a pas déjeuné aujourd'hui. Nous reprendrons après. *(À son fils :)* Kostia, laisse tes manuscrits, viens manger.

TREPLEV – Non, maman, je n'ai pas faim.

ARKADINA – À ta guise. *(Elle réveille Sorine :)* Petroucha, viens dîner. *(Prenant le bras de Chamraëv :)* Je vous raconterai comment on m'a fêtée à Kharkov...

Paulina Andréevna éteint les bougies, puis, avec Dorn, roule le fauteuil de Sorine. Tous sortent par la porte de gauche. Treplev, seul à son bureau.

TREPLEV, *s'apprête à écrire ; il relit son manuscrit.* – Moi qui ai tant parlé de formes nouvelles, je me sens glisser vers la routine. *(Il lit :)* « L'affiche sur la palissade annonçait...» – « Un visage pâle encadré de cheveux noirs...» Annonçait, encadré...Ce sont des clichés. *(Il biffe.)* Je commencerai par le passage où le héros est réveillé par le bruit de la pluie. Tout le reste est à supprimer. Ma description du clair de lune est trop longue, trop recherchée. Trigorine, lui, s'est créé des procédés ; tout lui est facile. Le goulot d'une bouteille cassée qui brille sur la digue, l'ombre noire de la roue d'un moulin, et voilà sa nuit de lune toute prête ; chez moi, il y a la lumière frissonnante, le doux scintillement des étoiles, les sons lointains d'un piano, qui expirent dans l'air calme et parfumé. Quelle torture ! *(Un temps.)* Oui, je suis de plus en plus convaincu qu'il ne s'agit pas de formes anciennes ou modernes, mais d'écrire sans penser à tout cela, pour libérer son cœur, simplement. *(Quelqu'un frappe à la fenêtre la plus proche de la table.)* Qu'est-ce que c'est ? *(Il regarde par la fenêtre.)* On n'y voit rien. *(Il ouvre la porte vitrée et regarde dans le jardin.)* Quelqu'un a descendu les marches en courant. *(Il appelle :)* Qui est là ? *(Il sort ; on entend ses pas précipités sur la terrasse ; quelques instants après, il revient avec Nina Zaretchnaia.)* Nina ! Nina !

Nina pose sa tête sur la poitrine de Treplev et sanglote sourdement.

TREPLEV, *ému*. – Nina ! Nina ! C'est vous !... J'avais comme un pressentiment, toute la journée mon cœur a terriblement souffert. *(Il lui retire son chapeau et sa cape.)* Oh ! ma chérie, ma bien-aimée, elle est venue ! Mais il ne faut pas, il ne faut pas pleurer.

NINA – Il y a quelqu'un ici...

TREPLEV – Personne.

NINA – Fermez les portes, on pourrait entrer.

TREPLEV – Personne ne viendra.

NINA – Je sais que votre mère est ici. Fermez les portes à clef...

TREPLEV *ferme à clef la porte de droite et s'approche de la porte de gauche.* – Celle-ci n'a pas de serrure. Je vais mettre un fauteuil devant. *(Il pousse un fauteuil devant la porte.)* N'ayez pas peur, personne ne viendra.

NINA *le regarde attentivement.* – Laissez-moi vous regarder. *(Elle regarde autour d'elle.)* Il fait chaud ici, il fait bon. Jadis, c'était le salon. J'ai beaucoup changé ?

TREPLEV – Oui... Vous avez maigri, vos yeux sont plus grands. Comme c'est étrange de vous voir, Nina ! Pourquoi ne me laissiez-vous pas venir ? Pourquoi n'êtes-vous pas venue plus tôt ? Je sais que vous êtes ici depuis bientôt une semaine... Tous les jours, plusieurs fois, j'allais à votre hôtel, je restais sous votre fenêtre comme un mendiant.

NINA – J'avais peur que vous me détestiez. Je rêve toutes les nuits que vous me regardez sans me reconnaître. Si vous saviez ! Depuis que je suis ici, je ne cesse d'errer...près de ce lac. Je suis venue souvent près de votre maison, mais je n'osais pas entrer. Asseyons-nous. *(Ils s'assoient.)* Asseyons-nous, et parlons...parlons...Il fait bon ici, il fait chaud, intime...Vous entendez le vent ? Il y a ce passage dans Tourguenev : « Heureux celui qui par une pareille nuit possède un toit, un coin chaud. » Je suis une mouette. Non, ce n'est pas cela. *(Elle se frotte le front.)* Où en étais-je ? Oui, Tourguenev... « Et que Dieu vienne en aide à tous ceux qui errent sans abri...» Ce n'est rien...

Elle sanglote.

TREPLEV – Nina, vous pleurez encore...Nina !

NINA – Ce n'est rien, ça me soulage...Il y a deux ans que je n'ai pas pleuré. Tard dans la soirée, hier, je suis allée au jardin, voir si notre théâtre était toujours là. Il est encore debout. Je me suis mise à pleurer, pour la première fois depuis deux ans, et ça m'a fait du bien ; mon cœur s'est calmé. Vous voyez, je ne pleure plus... *(Elle lui prend la main.)* Ainsi, vous êtes devenu écrivain... Vous êtes écrivain, et moi, actrice...tous les deux dans le tourbillon...Jadis, j'étais heureuse comme une enfant, je chantais le matin en me réveillant, je vous aimais, je rêvais de gloire, et maintenant ? Demain de bonne heure je partirai pour Eletz, en troisième... avec des moujiks ; à Eletz, des marchands cultivés m'assommeront de compliments. La vie est brutale !

TREPLEV – Pourquoi aller à Eletz ?

NINA – J'ai accepté un engagement pour tout l'hiver. Il est temps d'y aller.

TREPLEV – Nina, je vous maudissais, je vous détestais, je déchirais vos lettres et vos photographies, mais à chaque instant, je me rendais compte que mon cœur vous était attaché pour toujours. Je n'ai pas la force de ne plus vous aimer. Depuis que je vous ai perdue, et qu'on a commencé à publier mes récits, la vie m'est devenue insupportable ; je souffre. Ma jeunesse m'a été arrachée brusquement, il me semble qu'il y a quatre-vingt-dix ans que je suis au monde. Je vous appelle, je baise la terre que vous avez foulée ; partout je vois votre visage et ce doux sourire qui a illuminé les meilleures années de ma vie.

NINA, *éperdue.* – Pourquoi dit-il cela ? Pourquoi ?

TREPLEV – Je suis seul, sans aucune affection, j'ai froid comme dans un souterrain. Tout ce que j'écris est sec, dur, sombre. Restez ici, Nina, je vous en supplie, ou permettez-moi de partir avec vous. *(Nina se rhabille rapidement.)* Nina, pourquoi ? Nina, au nom du Ciel...

Il la regarde s'habiller. Un temps.

NINA – Les chevaux m'attendent au portillon. Ne m'accompagnez pas. J'irai seule. *(À travers les larmes :)* Donnez-moi à boire.

TREPLEV *lui donne de l'eau.* – Où allez-vous maintenant ?

NINA – En ville. *(Un temps.)* Irina Nikolaevna est ici ?

TREPLEV – Oui... Jeudi dernier, mon oncle n'était pas bien, nous lui avons télégraphié de venir.

NINA – Pourquoi dites-vous que vous avez baisé la terre sur laquelle j'ai marché ? Il faut me tuer. *(Elle se penche vers la table.)* Je suis si fatiguée. Me reposer...me reposer. *(Elle lève la tête.)* Je suis une mouette...Ce n'est pas ça...Je suis actrice... Mais oui. *(Entendant le rire d'Arkadina et de Trigorine, elle prête l'oreille, court vers la porte de gauche et regarde par le trou de la serrure.)* Lui aussi est là...*(Elle revient vers Treplev.)* Mais oui...Ce n'est rien...Oui...Il ne croyait pas au théâtre, il se moquait toujours de mes rêves, et j'ai fini par cesser d'y croire, moi aussi, j'ai perdu courage...Puis les tourments de l'amour, la jalousie, la crainte continuelle pour mon petit. Je devenais mesquine, insignifiante, je jouais bêtement...Je ne savais que faire de mes mains, comment me tenir en scène, je ne contrôlais pas ma voix. Vous ne connaissez pas cette situation : sentir qu'on joue abominablement ? Je suis une mouette...Non, ce n'est pas ça. Vous souvenez-vous d'avoir tué une mouette ? Un homme passait là par hasard, il l'aperçut, il la perdit, par désœuvrement. Un sujet pour un petit conte...Ce n'est pas ça. *(Elle se frotte le front.)* Où en étais-je ? Je parlais du théâtre. Maintenant, je ne suis plus la même. Je suis devenue une véritable actrice, je joue avec délice, avec ravissement, en scène je suis grisée, je me sens merveilleuse. Depuis que je suis ici, je marche beaucoup, je marche et je pense intensément ; et je sens croître les forces de mon âme...Je sais maintenant, je comprends, Kostia, que dans notre métier, artistes ou écrivains, peu importe, l'essentiel n'est ni la gloire ni l'éclat, tout ce dont je rêvais, l'essentiel, c'est de savoir endurer. Apprends à porter ta croix et garde la croyance. J'ai la foi, et je souffre moins, et quand je pense à ma vocation, la vie ne me fait plus peur.

TREPLEV, *tristement.* – Vous avez trouvé votre voie, vous savez où vous allez, mais moi, je flotte encore dans un chaos de rêves et d'images, et j'ignore pour qui et pourquoi j'écris. Je n'ai pas la foi et je ne sais pas quelle est ma vocation.

NINA, *prêtant l'oreille.* – Chut... Je m'en vais. Adieu. Quand je serai une grande actrice, venez me voir. C'est promis ? Et maintenant...*(Elle lui serre la main.)* Il est tard. Je peux à peine me tenir debout...je suis épuisée, j'ai faim...

TREPLEV – Restez, je vous apporterai à dîner.

NINA – Non, non... Ne m'accompagnez pas, j'irai seule... Ma voiture est tout près. Donc, elle l'a amené ici ? Eh bien, tant pis. Quand vous verrez Trigorine, ne lui dites rien...Je l'aime. Je l'aime plus que jamais...Sujet pour un petit conte...Je l'aime, je l'aime passionnément, je l'aime désespérément. Comme on était heureux jadis, Kostia ! Vous vous rappelez ? Quelle vie claire, chaude, joyeuse, pure, et quels sentiments, des sentiments pareils à des fleurs délicates et exquises... Vous vous rappelez ? *(Elle récite :)* « Les hommes, les lions, les araignées, les poissons silencieux, habitants des eaux, les étoiles de mer et celles qu'on ne pouvait voir à l'œil nu, bref toutes les vies, toutes les vies, toutes les vies se sont éteintes, ayant accompli leur triste cycle. Depuis des milliers de siècles la terre ne porte plus d'êtres vivants, et cette pauvre lune allume en vain sa lanterne. Dans les prés, les cigognes ne se réveillent plus en poussant des cris, et l'on n'entend plus le bruit des hannetons dans les bosquets de tilleuls...»

Elle embrasse Treplev dans un élan, et s'enfuit par la porte vitrée.

TREPLEV, *après un silence.* – Il ne faudrait pas qu'on la rencontre dans le jardin et qu'on le dise à maman. Cela pourrait faire de la peine à maman...

Pendant deux minutes, en silence, il déchire tous ses manuscrits et les jette sous la table, puis ouvre la porte de droite et sort.

DORN, *essayant d'ouvrir la porte de gauche.* – C'est étrange. On dirait que cette porte est fermée à clef. (Il entre et remet le fauteuil à sa place.) Une course d'obstacles.

Entrent Arkadina, Paulina Andréevna ; derrière elles Yakov portant des bouteilles ; puis Macha, Chamraëv et Trigorine.

ARKADINA – Posez le vin rouge et la bière pour Boris Alexéevitch ici, sur la table. Nous boirons en jouant. Eh bien, asseyons-nous, mes amis.

PAULINA, *à Yakov.* – Tu peux servir le thé tout de suite.

Elle allume les bougies et s'assied à la table de jeu.

CHAMRAËV *conduit Trigorine vers l'armoire.* – Voici l'objet dont je vous ai parlé tout à l'heure...(Il sort de l'armoire une mouette empaillée.) Celui que vous aviez commandé.

TRIGORINE *regarde la mouette.* – Je ne m'en souviens pas. (Il réfléchit.) Je ne m'en souviens pas.

Derrière la scène, à droite, retentit un coup de feu : tous tressaillent.

ARKADINA, *effrayée.* – Qu'est-ce que c'est ?

DORN – Ce n'est rien. Quelque chose a probablement éclaté dans ma trousse. Ne vous effrayez pas. *(Il sort à droite, et revient quelques instants après.)* C'est bien ça : un flacon d'éther qui a éclaté. *(Il chantonne :)* « Devant toi, charmé à nouveau... »

ARKADINA, *s'asseyant à la table* – Ouf ! J'ai eu peur. Cela m'a rappelé...*(Elle se couvre le visage.)* J'ai vu trouble...

DORN, *feuilletant une revue, à Trigorine.* – On a publié dans cette revue, il y a environ deux mois, un article...une lettre d'Amérique...et je voulais vous demander à ce propos *(Il prend Trigorine par la taille et l'entraîne vers la rampe)*...car cette question m'intéresse vivement...*(En baissant la voix :)* Emmenez Irina Nikolaevna où vous voudrez...Constantin Gavrilovitch vient de se tuer...

FIN